Barbara Heider-Rauter

Die Kraft der liegenden Acht

D1876868

Mit der Lemniskate zu unendlicher Harmonie

Schirner Verlag

Wir verzichten auf das Einschweißen unserer Bücher – **UNSERER UMWELT ZULIEBE!**

ISBN Printausgabe 978-3-8434-1244-5
ISBN E-Book 978-3-8434-6342-3

Barbara Heider-Rauter:
Die Kraft der liegenden Acht
Mit der Lemniskate zu
unendlicher Harmonie
© 2016 Schirner Verlag, Darmstadt

Umschlag: Murat Karaçay, Schirner,
unter Verwendung von # 326102588
(Calmara), www.shutterstock.com
Layout: Anke Brunn, Schirner
Lektorat: Katja Hiller, Schirner
Printed by: Ren Medien GmbH, Germany

www.schirner.com

10. Auflage Juli 2024

Alle Rechte der Verbreitung, auch durch Funk, Fernsehen und
sonstige Kommunikationsmittel, fotomechanische oder vertonte Wiedergabe
sowie des auszugsweisen Nachdrucks vorbehalten

Inhalt

Kleine Übung zum Einstieg

Bevor ich beginne, Ihnen die liegende Acht, deren spirituelle Bedeutung und Einsatzmöglichkeiten näher zu erläutern, bitte ich Sie, eine kleine Übung zu machen. So erfahren Sie direkt die wundervolle und auf das Positivste verbindende Energie dieses Symbols.

Für diese Übung brauchen Sie eine zweite Person und ein Seil oder mehrere Tücher, die Sie zu einem Seil zusammenknoten können. Sie müssen den Raum, in dem Sie die Übung machen, nicht besonders gestalten. Die Übung dauert auch nur wenige Minuten. Legen Sie mit den Tüchern oder dem Seil einen geschlossenen Kreis auf den Boden. Der Kreis muss groß genug sein, dass Sie und die andere Person gleichzeitig bequem darin stehen können.

Stellen Sie sich nun einander zugewandt in den Kreis. Sie müssen an nichts Besonderes denken. Nehmen Sie beide einfach wahr, wie Sie sich fühlen. Sie können zufrieden sein oder sich auch etwas beengt fühlen – alles kann sein. Es geht bei der Übung nicht ums Bewerten oder Analysieren, sondern einfach nur um das Wahrnehmen. Seien Sie also so entspannt wie möglich. Steigen Sie und Ihr Übungspartner dann wieder aus dem Kreis heraus. Legen Sie mit dem Seil eine Acht auf den Boden. Stellen Sie sich beide jetzt in die Schleifen der Acht – und zwar jeder in eine Schleife. Sie stehen sich wieder gegenüber. Spüren Sie einfach nur in sich hinein. Vermutlich werden Sie beide sich in den Achterschleifen wohler und auch freier fühlen. Und dennoch werden Sie die harmonische Energie der gegenseitigen Verbundenheit wahrnehmen können. Spüren Sie, wie die Energie der liegenden Acht zu pulsieren beginnt und in einem unendlichen Strom zwischen Ihnen und um Sie herum fließt. Die Schwingung der Acht kreist von einer Seite zur anderen und kreuzt dabei immer wieder den stabilen Mittelpunkt, in dem beide Schleifen miteinander verbunden sind.

Durch den unablässigen Energiefluss entsteht eine tiefe Verbundenheit zwischen den beiden Menschen – eine Vereinigung, jedoch ohne gegenseitige Einflussnahme. Jeder hat seinen eigenen Raum und darf seine Einzigartigkeit behalten, und trotzdem sind beide in einer tiefen Beziehung verbunden. Diese Übung zeigt Ihnen bereits, was die liegende Acht für uns bedeutet. Sie verbindet zwei unterschiedliche Energien zu einer harmonischen Einheit. Beide dürfen in ihrer Individualität sein und dennoch ein Teil des anderen werden oder den anderen als einen harmonischen Teil von sich selbst erkennen.

Tauschen Sie sich nach der Übung darüber aus, was Sie gespürt haben. Probieren Sie diese Übung mit so vielen Menschen aus, wie Sie dafür begeistern können. Sie erfahren immer wieder die unendliche ausgleichende und harmonisierende Energie. Wir lernen daraus, dass eine innige Verbindung gleichzeitig auch in Freiheit sein darf. Und wir lernen es nicht nur mit unserer linken, analytischen und rationalen Gehirnhälfte, sondern auch mit unserer rechten, emotionalen Gehirnhälfte.

Einleitung

Wir leben in einer Gesellschaft, in der Kommunikation nur zu einem Teil im sprachlichen Ausdruck abläuft. Oft nehmen wir auch unbewusst Symbole wahr – eine eigene Welt, die alltäglich auf uns einwirkt. Allgemein wird unsere Welt von Symbolen beherrscht, die viel mehr Einfluss auf unser Unterbewusstsein nehmen, als wir uns vorstellen können. Es ist also nicht erstaunlich, dass das Wissen über die subtile Macht der Symbole in der Vergangenheit nur wenig Verbreitung gefunden hat, von den Herrschern eingesetzt und als Geheimwissen weitergegeben wurde.

Heute sind wir in der glücklichen Lage, dass viel von dem alten Wissen wieder für alle zugänglich ist und jeder von uns die Möglichkeit hat, diese machtvollen Zeichen und Symbole zur eigenen Entwicklung hin zu einem bewussteren Leben zu nutzen – zum Positiven für uns selbst und für alle anderen. Wir alle kennen die meisten Zeichen, aber die wenigsten wissen um ihre Wirkung auf uns. Symbole und Kombinationen daraus werden als Logos in der Werbung, auf Visitenkarten und auf Produkten des täglichen Lebens verwendet. Sie alle haben das eine Ziel: uns in eine gewisse Richtung zu beeinflussen. Wer die Sprache der Symbole beherrscht, kann sie bewusst wahrnehmen und auch lesen. Es liegt an uns, aufmerksam durchs Leben zu gehen, Symbole und deren Botschaften zu erkennen und zu interpretieren. Dann können wir uns dieser »Sprache« ebenfalls bedienen. Je bewusster wir die verborgenen Symbolkräfte wahrnehmen, desto leichter fällt es uns, uns ihrem Bann zu entziehen.

Seit längerer Zeit widme ich mich der Kraft und dem Einsatz der Symbole. Dieses Buch zur liegenden Acht soll Ihnen eine kleine Anregung sein, mit offenen Augen durch unsere Welt zu gehen und die Botschaften der Symbole besser zu verstehen. Wir begegnen vielen Symbolen, die positiv, aber auch weniger positiv zum Einsatz kommen. Alle Symbole tragen immer beide Möglichkeiten der Nutzung in sich, und meist findet das Negative in der Umkehrung des positiven Symbols Anwendung. Mit meinem Buch möchte ich Ihre Neugierde und Ihre Freude an der Sprache der Zeichen an dem positiven Beispiel der liegenden Acht oder Lemniskate wecken. Die Lemniskate ist eines der wenigen Symbole, die keine Umkehrung in sich tragen. So, wie wir lernen, diese großartige ausgleichende Kraft der liegenden Acht für unser Wohl einzusetzen, können wir es auch mit allen uns bekannten Symbolen tun. Die liegende Acht ist ein Zeichen, das von wundervollem Nutzen für uns Menschen und für alle Lebewesen sein kann – einfach, vollkommen, jederzeit und überall anwendbar. Sie unterstützt uns dabei, in unsere Harmonie zu kommen und in die Balance auf allen Ebenen zu finden. Sie ermöglicht den Ausgleich der Polaritäten und der Dualität, die unser Leben auf der Erde ausmacht. Mit der Lemniskate können wir die Unendlichkeit unserer immerwährenden Entwicklung erkennen und unterstützen.

Auf den folgenden Seiten möchte ich meine Erfahrungen mit diesem kraftvollen Symbol weitergeben. Ich erhebe dabei keinen Anspruch auf absolutes Wissen oder auf Vollkommenheit, sondern möchte Ihnen einfache Übungen und auch Erkenntnisse, die ich im Laufe meiner jahrelangen Tätigkeit als Seminarleiterin gewonnen habe, zu Ihrem Besten mit auf Ihren Weg geben. Wir haben unsere Vorstellungskraft immer bei uns, und die liegende Acht ist äußerst einfach nachzuzeichnen, an allen auszugleichenden Stellen anzubringen oder zu visualisieren. Nutzen Sie dieses kraftvolle Zeichen für sich und Ihr spirituelles Wachstum. Gehen Sie Beziehungsprobleme auf harmonische Weise an, bringen Sie sich und Ihre Energien wieder in Fluss, werden Sie ausgeglichener, und finden Sie leichter zu Entscheidungen. All dies gelingt Ihnen spielerisch mit dem Zeichen der liegenden Acht.

Die Lemniskate ist ein Symbol für das Unendliche genauso wie für das Polare und die Dualität hier auf Erden. Sie trägt die Ambivalenzen von Männlich und Weiblich in sich, von Oben und Unten, von Yin und Yang, von Innen und Außen. Mit unserem Leben auf der Erde, und zwar vom Moment der Zeugung an, begeben wir uns in die Welt der Polarität. Wir erfahren sehr früh die Trennung und die Unterscheidung von Ich und Du, das als Nicht-Ich wahrgenommen wird. Durch unsere Erziehung bilden wir uns unsere Meinung und lernen, zwischen Gut und Böse, Richtig und Falsch ... zu unterscheiden. Wir beginnen schon in jungen Jahren, zu analysieren und unseren Alltag in die unterschiedlichsten Kategorien von Dualität zu gliedern. Wir lernen, Entscheidungen zu treffen und Ja oder Nein zu sagen. Ja und Nein gehören jedoch zusammen, denn das eine würde ohne das andere nicht möglich sein. Wenn wir zu etwas Ja sagen, wissen wir, dass wir uns dadurch für etwas und gleichzeitig gegen etwas anderes entscheiden. Diese Einheit bildet ein Ganzes, und das Anerkennen dieser Ganzheit wiederum bringt uns in unsere Einheit und in ein neues Heil-Sein. Die liegende Acht birgt die Möglichkeit, in diese Ganzheit oder Einheit hineinzutauchen und das Heil-Sein in uns zu initiieren. Die Schwingung der liegenden Acht trägt einen eigenen Rhythmus, der in uns diese Ganzheit anregt und ihre Entfaltung fördert. Je öfter wir also in diese Schwingung eintauchen, desto heilsamer ist dies für den Ausgleich der Polaritäten in uns. Die Lemniskate hilft uns dabei, dass beide Waagschalen der Dualität des Lebens in einer ausgewogenen Harmonie miteinander sind.

Die liegende Acht als Ausdruck unseres Lebensgefühls

Durch das Tragen von Symbolen können wir unsere Überzeugungen bekunden oder auch unsere Zugehörigkeit zu einer bestimmten Gruppe zum Ausdruck bringen. Auch unser Lebensgefühl können wir über unterschiedliche Symbole kommunizieren. Oder wir wollen mit ihnen z. B. in Form von energetischem Schmuck etwas in uns und in unserem Umfeld aktivieren, von dem wir wissen, dass es zu unserem Besten ist. So können wir Schmuckstücke mit der liegenden Acht zur energetischen Balance oder zur Aktivierung eines bestimmten Lebensbereichs tragen. Dieses Ursymbol für Vollkommenheit, Balance, Harmonie und Unendlichkeit ziert sehr schöne Schmuckstücke, ob für das Handgelenk, das Dekolleté, die Ohren, die Haare oder die Finger. Welch ein wundervoller Ausdruck für die immerwährende Liebe ist es, wenn wir unsere Liebsten mit diesem Symbol beschenken. Was auch immer wir in Fluss bringen wollen, wir können das Wort in das Schmuckstück eingravieren lassen, das für das steht, was wir in der Schwingung der Unendlichkeit aktivieren wollen. So wirkt z. B. das Wort »Liebe« in einer unendlichen positiven Schwingungsfrequenz mit unserem eigenen energetischen Feld, sobald wir es mit der Lemniskate in Verbindung bringen und anwenden. Für alle, die ihre Haut gern schmücken, wäre ein Tattoo eine tolle Möglichkeit. Wollen wir mehr inneren und äußeren Reichtum anziehen, so schreiben wir in die Schleifen der liegenden Acht genau diese Wörter. Es dürfen auch mehrere Wörter gleichzeitig in einer

Schleife verteilt werden. Was auch immer Ihnen wichtig ist, die Achterschwingung bringt es in Bewegung, in Ausgleich und in die Unendlichkeit. Wie wundervoll ist es doch, wenn Sie von Ihrer besten Freundin z. B. ein Armband geschenkt bekommen, in dem das Wort »Freundschaft« in die liegende Acht eingraviert wurde, oder Ihr Liebster Ihnen einen Ring mit der liegenden Acht überreicht, in dem die Worte »bedingungslose Liebe« zu lesen sind.

Wenn Sie sich nicht wohlfühlen, tragen Sie eine liegende Acht mit dem Wort »Gesundheit«. Und wenn Sie wissen, dass Ihnen oder einem von Ihnen geliebten Menschen eine schwierige Prüfung bevorsteht, beschriften Sie eine liegende Acht mit »Wissen« und »Weisheit« – einfach mit allem, was Sie in den Ausgleich bringen wollen. Schmuckstücke haben den Vorteil, dass Sie nicht unentwegt daran denken müssen, was Sie ausgleichen wollen. Die liegende Acht wirkt einfach über das energetische Feld auf Ihre Haut und damit auch auf Ihr Innerstes. Während Sie das Schmuckstück tragen, wird ständig der Impuls des Ausgleichs an Ihr Energiefeld abgegeben, und es verändert sich hin zu mehr Balance. Ebenso verhält es sich mit Raumschmuck oder wenn Sie die liegenden Acht mit einem Körperstift auf Ihre Haut auftragen oder ein Kleidungsstück mit dem Symbol darauf tragen. Auf welche Art auch immer Sie die ausgleichende Energie der Lemniskate in Ihr Leben bringen möchten, das Wichtigste ist, dass Sie es tun und dabei Freude haben.

Erst letztens habe ich etwas entdeckt, was für mich ein Zeichen ist, dass das Wissen um die liegende Acht wieder stärkere Aufmerksamkeit erlangt. Ein namhaftes Theater in einer großen Stadt widmete sein Tanz- und Ballettprogramm dem Thema »Unendlichkeitsschleife«. Es gab tatsächlich acht unterschiedliche Interpretationen von acht verschiedenen Choreographen zur »liegenden Acht«. Das ist ganz wundervoll und sehr einzigartig – wie ich finde. Die Vorstellungen waren schon lange im Vorfeld ausgebucht, und auch das ist ein Zeichen dafür, wie sehr die Menschen intuitiv spüren, welche positiven Auswirkungen diese Schwingungsfrequenz auf sie hat. Stellen Sie sich vor, wie großartig es ist, wenn Hunderte von Menschen einen ganzen Abend lang die Energie der liegenden Acht visualisieren und davon ausbalanciert werden. Schon der Gedanke daran, dass acht Individualisten in harmonischer Zusammenarbeit ein Programm gestalten, zeigt für mich, wohin sich die neue Gesellschaft entwickeln und wie die ausgleichende Energie dieses mächtigen Symbols vereinigend wirken kann. Bereits während der Proben der Kompanie wird diese Schwingungsfrequenz vom Ballettsaal über die Stadt hinausgetragen. Und Tag für Tag wird das energetische Feld der Stadt mit der unendlich schwingenden Energie der Harmonie verwoben. Welten werden verbunden und der Weg für ein neues Miteinander bereitet.

Es lässt Hoffnung in meinem Herzen aufflammen, dass die wundervollen Geschenke, die uns unsere weisen Vorfahren und die erleuchteten Priester/-innen hinterlassen haben, ihren Weg zu uns finden.

Das Symbol der liegenden Acht

Wir alle kennen die Zahl Acht und ihre Schreibweise. Die liegende Acht sieht aus wie eine Acht, die in die Horizontale gedreht wird. Sie ist eine geschlossene Schleife, die das Absolute und die Unendlichkeit symbolisiert. Es gibt weder Anfang noch Ende, die liegende Acht beinhaltet in sich eine immerwährende Bewegung und steht somit für beständige Weiterentwicklung und den Ausgleich aller Dualitäten. Sie wird auch als Lemniskate bezeichnet, ein Begriff, den der Schweizer Mathematiker Jakob Bernoulli im 17. Jahrhundert geprägt hat. Mit diesem Symbol bringen wir alles in eine gesunde Balance. Die liegende Acht ist für mich einer der ganz großen Schlüssel für eine neue Gemeinschaft. Wenn wir in den Ausgleich finden und wieder in eine harmonische Lebensgestaltung eintauchen wollen, haben wir auch die Möglichkeit, Harmonie und Balance um uns herum herzustellen. Vom Extrem eines Zuviel oder Zuwenig aus in die Harmonie, von der Überbetonung in den Ausgleich zu finden – das ist es, was wir mit dem Anwenden der liegenden Acht initiieren.

Die immerwährende Entwicklung, die wir mit der liegenden Acht unterstützen, ermöglicht es uns, den Weg der Erleuchtung zu gehen, in uns die Kräfte auszugleichen und Erfüllung in unserem irdischen Dasein zu erfahren. Die Dualität wird von uns nicht mehr als belastend empfunden, und das Paradies, das die Erde ist, entsteht durch die Harmonie und das Ausgleichen der Dualität. Wir erkennen an, dass es immer Dualität in unserem irdischen Dasein geben wird, und dieses Wissen bringt uns in eine Entspannung und lässt uns Harmonie erfahren.

Die liegende Acht in unterschiedlichen Kulturen

Die liegende Acht als Unendlichkeitszeichen oder als Schlange begegnet uns immer wieder in den unterschiedlichsten Kulturen. Die Schlange, deren Körper eine liegende Acht beschreibt, hütet das Geheimnis des Weges, der zurück in die Einheit und in das Heil-Sein führt. So ziert den Stirnschmuck der ägyptischen Pharaonen der Körper einer Schlange, die in einer Acht liegt. Auch im indischen Kulturraum werden Schlangen und die Lemniskate verbunden. Wir finden sie z. B. in der Darstellung der Kundalinikraft. Die Kundalini ist die Energie, die es auf unserer irdischen Reise hin zur Erleuchtung zu erwecken gilt. Es ist die Lebenskraft, die laut der tantrischen Lehre in unserem Becken symbolisch als zwei zusammengerollte Schlangen zu finden ist. Die liegende Acht begegnet uns auch im Hermesstab.

Die Schlange, die auch mit dem Sündenfall und der Vertreibung aus dem Paradies in Verbindung gebracht wird, hilft uns heute dabei, den Weg zurück in die Einheit zu finden. Sie zeigt uns, wie wichtig es ist, unsere Kraft in den Dienst des größeren göttlichen Plans zu stellen. Sie ist eine heilende Helferin für uns, und mit ihr kehren wir aus dem Trennenden in das Dienende, Vereinigende zurück. Die liegende Acht hilft uns dabei, alle Tendenzen der Manipulation hinter uns zu lassen und stattdessen in die Kraft des Ausgleichs und der Anerkennung der Polarität zu finden. Dadurch halten wir einen Schlüssel für die gelebten Energien von Frieden und Harmonie auf der Erde in unseren Händen. Mit der Energie der Schlange können wir uns besser durchschauen. Sie führt uns immer wieder in Versuchung, um uns die Stufe unserer Entwicklung aufzuzeigen, denn sie testet unsere Beständigkeit, unsere Authentizität, unsere Wahrhaftigkeit, unser Verständnis, unsere bedingungslose Liebe, unsere Geduld und unsere gelebte Weisheit.

Wenn wir aus unserer ursprünglichen Auseinandersetzung mit der Dualität das gelernt haben und in unserer Ganzheit angekommen sind, müssen wir die Schlange nicht mehr fürchten. Sie wird dann zur heilbringenden Beschützerin unserer unendlichen Ausdehnung, zur Wächterin über die Weisheit der liegenden Acht und zur Beschützerin des göttlichen Schöpferplans und all seiner Magie. Kein Wunder also, dass gerade die Verbindung der Symbole der Schlange und der liegenden Acht so häufig und über alle Kulturen hinweg als Machtsymbol der Herrscher genutzt wurde.

Spirituell betrachtet ist die Acht die Zahl des Eingeweihten, der durch die sieben Stufen des Erwachens gegangen ist und die sieben Himmel durchwandert hat. Die Acht ist die Zahl, die in Verbindung mit der Kraft der Auferstehung und der Regeneration steht. Sie symbolisiert die Kraft der Glückseligkeit und das wiedergewonnene Paradies. Sie wird als eine kaiserliche Zahl angesehen. Die Reichskrone, die Krone der Könige und Kaiser des Heiligen Römischen Reichs, hat eine achteckige Grundform, und viele Grundrisse von kaiserlichen Gebäuden entsprechen ebenfalls einem Achteck.

In Ägypten begegnet uns die Zahl Acht nicht nur als Stirnschmuck des Pharaos, sondern auch als die Zahl des Thot, des Gottes der Gesetze, der Weisheit, der Magie und der Wissenschaften (besonders die der Mathematik und der Astronomie). Thot wurde in der griechischen Mythologie mit Hermes gleichgesetzt und gilt als Erfinder der Geometrie und der Zahlen. Er ist einer der Hüter der Schwelle zum Totenreich, der alle Taten der

Seelen notiert, die den Fluss ins Totenreich überqueren wollen. An der Schwelle wurde abgewogen, wie schwer die Vergehen der Seele im Verhältnis zur Feder der Wahrheit waren. Im Christentum ist das Taufbecken, das symbolisch für die Wiedergeburt steht, in einer achteckigen Form angefertigt. Einige Kapellen und Kirchen haben ebenfalls einen achteckigen Grundriss. Zudem gibt es acht Seligpreisungen, und acht Menschen sollen nach alter Überlieferung die Sintflut überlebt haben. Im Buddhismus wird die Acht als die Erfüllung aller Möglichkeiten angesehen, und es existieren acht Glückszeichen. Im Hinduismus steht die 8 x 8 für die Ordnung der auf Erden errichteten Himmelswelt. Wir begegnen acht Sonnen, der Tag wird in acht Abschnitte eingeteilt, und es gibt acht Weltgegenden sowie acht Chakras. Die hinduistischen Tempel sind ebenfalls auf dieser Grundlage der 8 x 8-Symbolik errichtet. Im Islam finden wir acht Engel, die den Thron halten, der die Welt umschließt. Sie entsprechen den Teilen des Raumes wie auch den acht Gruppen von Buchstaben im arabischen Alphabet. In Japan gibt es acht Götter im Himmel. Die Zahl Acht wird im Japanischen auch »die Vielen« genannt. In der jüdischen Tradition der Kabbala entspricht die Acht der vollkommenen Intelligenz.

Die Acht bedeutet »Glanz«. Acht ist der Zahlenwert von IHWH, und somit wird die Acht auch als die »Zahl des Herrn« gesehen. Der Tempel des Herrn wurde am achten Tag geweiht. Wir begegnen der Acht und ihrer besonderen Bedeutung auch bei den Griechen, z. B. bei Platon. Er sprach davon, dass es acht Sphären aus unterschiedlichen Farben gibt, die wiederum die leuchtende Himmelssäule umgeben. Nach Pythagoras entspricht die Energie der Acht der Solidität.

Der Hermesstab

Hermes ist der griechische Götterbote. Seine Aufgabe war es, die Botschaften der Menschen zu den Göttern zu bringen und umgekehrt. Unter den Römern wurde aus ihm Mercurius bzw. Merkur. Der Stab des Hermes oder der des Merkur ist somit das Gleiche, aber nicht zu verwechseln mit dem Äskulapstab. Während beim Äskulapstab nur eine Schlange ihren Leib um einen Stab windet, haben wir beim Hermesstab zwei Schlangen, die ihre Leiber in fortlaufenden Achterschleifen um einen Stab nach oben steigen lassen. Am oberen Ende des Stabs, an dem noch zwei große Flügelpaare angebracht sind, schauen sich die Schlangen gegenseitig an. Der Hermesstab ist ein Symbol der Vereinigung von männlicher und weiblicher Energie oder von Gegensätzen, die sich gemeinsam und in harmonischer Ausgewogenheit aus dem Irdischen emporheben und miteinander vereint dem Göttlich-Himmlischen zuwenden.

Wie der Äskulapstab auch wird der Hermesstab in der Medizin als Symbol für Heilung verwendet. Während der Äskulapstab aber eine einseitige Sicht ausdrückt – an ihm windet sich ja nur eine Schlange hinauf –, finden wir im Symbol des Hermesstabs die Ganzheitlichkeit und das Einbeziehen von Körper und Geist oder Seele. Die beiden Schlangen symbolisieren zudem die Dualität, das Männliche und das Weibliche. Die Flügel stehen für das Göttliche. Somit birgt der Stab des Hermes in sich die Information, dass es um die friedliche und harmonische Energie des Ausgleichs und um ein Miteinander geht. Wenn die beiden Schlangen gemeinsam in einer harmonischen Bewegung schwingen, wird das hoch liegende Ziel, nämlich das Göttliche, erreicht.

In den Büchern von Omraam Mikhaël Aïvanhov finden wir sehr genaue Beschreibungen des Aufstiegswegs der beiden Schlangen und vieles darüber, was das mit unserem menschlichen Pfad des Erwachens zu tun hat. Aïvanhov legt die Schlangen des Hermesstabs wie einen Plan auf unseren Körper, um uns die Möglichkeit des Erwachens anhand dieses Symbols zu erklären. Die Symbolkraft liegt wiederum im Erkennen, dass durch die Vereinigung von scheinbaren Gegensätzen Einheit,

Ganzheit oder eben Heilung entsteht. Wenn wir die Botschaft des Hermesstabes für uns nutzen wollen, ist es wichtig, dass wir verstehen, dass es immer wieder darum geht, ein neues Gleichgewicht in die Gegensätzlichkeiten zu bringen. Nur dadurch erschaffen wir innere Harmonie oder Gesundheit in allen Lebensbereichen. Die unendliche Bewegung innerhalb der liegenden Acht, also der Windungen der Schlangen um den Stab, zeigt uns, dass alles immer wieder in Bewegung ist, sich in einem ausgleichenden Harmoniebedürfnis von einem Pol zum anderen bewegt, sodass Einheit entstehen kann.

Hermes, der Götterbote, zeigt uns in der Überlieferung seines Symbols, dass die unendliche Möglichkeit der Schöpferflamme im Gleichgewicht liegt. Durch die Überwindung der irdischen Illusionen entsteht in uns die Vereinigung von Himmel und Erde und in der Folge auch um uns herum. Der Hermesstab ist als Symbol der Handelsleute bekannt und fand im Altertum auch als Zeichen der Herolde Verwendung, das ihnen eine gewisse Immunität bot.

Die liegende Acht – ein Zeichen in der Mathematik

Das Zeichen der liegenden Acht begegnet uns auch in der Wissenschaft, und zwar in der Mathematik. Hier wird die Lemniskate als Zeichen für Unendlichkeit eingesetzt. Der Mathematiker John Wallis hat dieses Symbol 1655 zum ersten Mal für unendlich große Mengen verwendet. Der Einsatz der liegenden Acht gibt den Wissenschaftlern eine Zuordnungs- und Berechnungsmöglichkeit für unendliche Mengen, die sonst nicht benannt werden könnten.

Zahlenspiel mit der Acht

Ich möchte Ihnen diese Zahlenpyramide für ein besseres Verständnis mitgeben. Vielleicht können Sie dadurch die Magie der Zahl Acht besser erfassen und verstehen.

$$1 \times 8 + 1 = 9$$
$$12 \times 8 + 2 = 98$$
$$123 \times 8 + 3 = 987$$
$$1234 \times 8 + 4 = 9876$$
$$12345 \times 8 + 5 = 98765$$
$$123456 \times 8 + 6 = 987654$$
$$1234567 \times 8 + 7 = 9876543$$
$$12345678 \times 8 + 8 = 98765432$$
$$123456789 \times 8 + 9 = 987654321$$

Das Möbiusband

Sehr oft wird das Möbiusband als liegende Acht abgebildet, wobei es keine Lemniskate ist. Es ist ein dreidimensionales Objekt, kein zweidimensionales wie das Symbol der liegenden Acht. Das Möbiusband ist eine Fläche, die nur eine Kante und nur eine Seite hat. Der Begriff

»Möbiusband« stammt von dem Leipziger Mathematiker und Astronomen August Ferdinand Möbius, der das Phänomen der Möbiusschleife 1858 zeitgleich mit, aber unabhängig vom Göttinger Mathematiker Johann Benedict Listig beschrieben hat. Das Möbiusband ist nicht orientierbar: Man kann bei der Betrachtung des Bandes weder zwischen unten und oben noch zwischen innen und außen unterscheiden. Beginnt man, ein Möbiusband auf einer Seite mit Farbe zu bemalen, ist am Ende das gesamte Band in derselben Farbe eingefärbt.

Was bedeutet das für unseren Alltag und unsere Verwendung der liegenden Acht? Symbole enthalten die Energie, für die sie stehen. Durch die Verwendung der unterschiedlichen Symbole senden wir einen Ruf hinaus in das uns umgebende Energiefeld, und dieses Feld schickt uns eine entsprechende Antwort zurück. Mit der Unendlichkeit der liegenden Acht kann dies für unsere Entwicklung – und zwar sowohl für die emotionale, die kognitive, die physische als auch für die spirituelle – von großem Nutzen sein. Wir erfahren uns als unendliche Wesen, die eine unendliche Ausdrucksmöglichkeit ihrer Individualität besitzen. Dualität wird in der unendlichen Entfaltungsmöglichkeit der uns innewohnenden Schöpferkraft als eine förderliche Komponente wahrgenommen, nicht mehr als Einschränkung unserer Potenziale.

Mit dem Einsatz der Lemniskate wird uns ein Mittel zum Ausgleich in die Hand gegeben, durch das wir lernen, unser Leben besser zu meistern. Wir kommen vom Ausschließen ins Annehmen und in die Harmonisierung, die wiederum unser unendliches Entwicklungspotenzial fördert. Das Zeichen der liegenden Acht steht für eine unendliche Menge an Geschenken, die unser Leben für uns bereithält. Der konstante Einsatz dieses Symbols unterstützt daher unsere Entwicklung hin zu dem Schöpferwesen, das wir in Wahrheit sind. Wir verstehen, dass die wahre menschliche Kraft im Annehmen, in der Integration und im harmonischen Ausgleich der Dualität liegt.

Zur Numerologie der Acht

Die numerologische Bedeutung der Acht ist natürlich auch in der liegenden Acht enthalten. Auf die Zahl Sieben, die die Mysterien beschreibt, folgt die Acht. Diese beinhaltet deshalb auch das Verständnis des Zusammenwirkens der sichtbaren und der unsichtbaren Welten und das Eintauchen in die magischen Zusammenhänge allen Seins. Wenn wir über den Rand unseres beschränkenden Geistes hinaus sehen lernen, wenn wir das Korsett unserer anerzogenen Muster verlassen und uns von den irdischen Fesseln befreien, haben wir die Möglichkeit, in die Welt der unendlichen Chancen und der grenzenlosen Ausdehnung hineinzutauchen. Die Acht ist in sich vollkommen, unendlich, ohne Anfang und ohne Ende. Sie trägt unendliche Liebe in sich, unendlichen Frieden, unendliche Entwicklung für alles, was wir uns nur vorstellen können. Die geometrische Darstellung der Acht erfolgt über das Oktogon, das Achteck. Es ist wiederum diese geometrische Figur, die von der noch begrenzenden, starren Form eines Vierecks in den unendlichen Kreis, der ohne Anfang und ohne Ende ist, überleitet. Zwei Kreise, die in einem Punkt in Verbindung treten, bilden die Darstellung der Zahl Acht.

Was ich sehr bemerkenswert finde, ist die Tatsache, dass die Acht auch als Zahl der Atlanter gesehen wird. Seit dem Untergang von Atlantis nennen sich diejenigen, die die Zerstörung überlebten, die Achter. Gehen wir nun davon aus, dass es in Atlantis eine Hochkultur gab und dass in seiner Blütezeit jedes Wesen von Erleuchtung und einem tiefen Miteinander geprägt und getragen war, verstehen wir auch, dass es das Bestreben der Priesterinnen und Priester war, diese Weisheit von Atlantis in eine neue Ära zu retten. Bringen wir nun diese uralten geistigen Schätze in Verbindung mit unserer heutigen Zeit, erkennen wir, dass die Zahl Acht und die Symbolik der Lemniskate eine noch viel größere Bedeutung hat, als wir vielleicht bisher in ihr sehen konnten. Der ausgleichende Fluss der Lemniskate unterstützt uns dabei, das Mysterium unseres Lebens zu erfassen. Jeder Blick auf dieses Symbol und jegliche Verwendung der liegenden Acht erinnert uns an die alte unendliche Weisheit des Erleuchtungswegs aus den Hochzeiten von Atlantis. Unsere Zellen treten in Resonanz mit diesen Informationen und unterstützen unseren Weg hin zu einem erwachten Leben.

Die Acht hilft uns dabei, die immerwährenden Zyklen von Leben, Vergehen und Wiedergeburt nicht nur in unserem Kopf zu verstehen, sondern sie tief in jeder einzelnen Zelle vibrieren zu spüren. Je tiefer wir uns mit diesen Zyklen aussöhnen und je natürlicher die Akzeptanz in uns stattfindet, desto fließender wird unser Leben. Es gibt nichts mehr, wogegen wir uns wehren müssten, sobald wir dieses Wissen in unserem Innersten integriert haben und unser gesamtes Verhalten danach ausrichten. Unser irdischer Inkarnationsweg wird dadurch umso leuchtender und auch einfacher. Die weisen Priester/-innen aus Atlantis wollten uns einen einfachen Hinweis hinterlassen. Eine Möglichkeit, zu verstehen, dass der Weg des Aufstiegs aus den irdischen Fesseln der Dualität nicht im Beurteilen oder Trennen der Polaritäten liegt, sondern in der Verbindung der Gegensätze zu einer neuen Einheit. Sobald wir diese unendliche Weisheit verstehen, finden wir den ersehnten Frieden in uns. Wir bekommen die Möglichkeit, uns zu entspannen und alle Ausdrucksformen des Lebens auf der Erde gleichermaßen zu lieben. Heilung geschieht in uns und um uns herum. Jegliche Spaltung bedeutet Tod, denn wer die Welt teilt, der zerstört sie. Die Wandlung von Zerstörung in Einheit liegt in der Vereinigung und dem Ausgleich des Gegensätzlichen. Die neue Gesellschaft entsteht aus der Transformation der trennenden Gedanken und Handlungen in die Energie der Vereinigung, die von der Zahl Acht und der liegenden Acht repräsentiert wird.

Die Acht steht auch für die Gnade des ewigen Lebens und für das vollkommene kosmische Gleichgewicht. Ihr Zentrum ist ruhend, aber um das Zentrum herum existiert der ewig wiederkehrende lebendige Fluss. Der Geist steigt hinein in die Materie, versteht ihre Gesetzmäßigkeiten, überwindet sie, tritt aus dem absoluten Stagnationspunkt heraus, um wieder aufs Neue in das Urkontinuum zurückzukehren. Alle Materie besteht aus Licht und Schwingung. Licht kann Licht überlagern, dann entsteht ein Schatten. Wenn jedoch das Licht anderes Licht überstrahlt, bleibt letztlich nur Licht übrig. Wir haben die Möglichkeit, das Licht aus unserem Leben auszusperren, aber niemals können wir die Schwingung aus unserem Leben entfernen, denn alles ist Schwingung. Alles, was uns umgibt, und auch, was wir selbst sind, schwingt und ist in Bewegung. Wir können sagen, dass jegliche Materie in einer gewissen Weise »leuchtet«.

Die Welt ist ein magischer Spiegel, der all unsere Möglichkeiten beinhaltet. Je nach Blickwinkel und Entwicklung gibt er jedoch nur das frei, was wir zu verstehen bereit sind. Die gesamte Erde ist vom Gesetz der Polarität geprägt, unser gesamtes Dasein ist davon durchflutet, und es stellt das Lern- und Aufgabengebiet für Seele und Geist aller Wesen dar. Nur im Zentrum der Schöpferquelle existiert keinerlei Polarität, und wenn wir uns dort aufhalten, erfahren wir die Vollkommenheit der

absoluten Ganzheit. Die Acht repräsentiert den Fluss des Lebens hinein in diese Ganzheit. Sie steht für die absolute Harmonie und auch für das Erschaffen von etwas Unsterblichem, etwas, was uns und unsere Lebenszeit über viele Generationen hinweg überdauert. Sie hilft uns dabei, unsere Herzen zu entrümpeln, unseren Fokus auf die Freude und die Leichtigkeit zu lenken, anstatt alles als schwer und stagnierend zu empfinden. Mit der liegenden Acht fällt es uns leicht, neue Wege zu erkennen. Wir nehmen unsere Scheuklappen ab und sehen die uns umgebende Welt plötzlich mit einem erweiterten Bewusstsein. In uns wächst das Verständnis, dass wir jeden Tag neu beginnen können, dass wir unendlich viele Möglichkeiten haben und dass wir täglich wachsen und uns ausdehnen können.

Die Zahl Acht lehrt uns Achtsamkeit mit uns selbst und allem Lebendigen, das uns umgibt. Achtsamkeit auch in Bezug auf unsere Herzensstimme und die Manifestation dessen, was sie uns zuflüstert. Mit der Acht lassen wir Achtsamkeit in alle unsere Begegnungen, Gedanken und Handlungen einfließen und entwickeln auch Achtsamkeit in unserer Sprache, denn diese ist ein mächtiges Instrument der Schöpferkraft. Die Acht hilft uns dabei, immer wieder neugierig auf Neues zu sein, das Leben als einen sich ständig erneuernden Fluss zu sehen und ohne Furcht seinem Lauf zu folgen, erfüllt von der Freude, immer wieder zu neuen Ufern aufzubrechen. Die Acht hält uns in Bewegung und gibt uns innere Harmonie, die sich ständig aus uns heraus ergießen kann, um uns und unser Umfeld damit zu durchtränken. Sie fördert in uns den harmonischen Austausch mit unserem Umfeld und hilft uns dabei, das Verbindende zu sehen. Sie lässt uns Verständnis für die Polarität, für Fremdes und auch für Unbekanntes entwickeln und unterstützt friedliche Lösungen.

Die Acht ist auch die Zahl der Architekten, der Erbauer, der Bildhauer und all derer, die etwas Bleibendes erschaffen wollen – so, wie auch die Priesterinnen und Priester etwas ewig Gültiges erschaffen wollten. Wir sind die Erbauer einer neuen Welt, eines neuen Lebensraums auf dem Planeten Erde, der für uns und auch für die, die nach uns kommen, Bestand haben soll. Die Erfahrungen aus Atlantis sollen uns immer wieder daran erinnern, dass wir jetzt hier sind, um diese neue Welt in dem Geist des Miteinanders, des Ausgleichs, ja, der vollkommenen Einheit zu erschaffen.

Die liegende Acht im Tarot

In einer Zeit, in der das Wissen um die Zusammenhänge allen Seins nicht einfach weitergegeben werden durfte, weil es den mächtigen Herrschern nicht zusagte, dass die Menschen selbstständig, frei und in ihrer Kraft waren, wurde von den Weisen ein System gefunden, in dem die universelle Weisheit offen – und doch nur für die Eingeweihten entschlüsselbar – festgehalten werden konnte und nicht der Vergessenheit anheim gegeben wurde. Das Tarot war dafür geboren worden, den Menschen die Wahrheit über die universellen Gesetzmäßigkeiten, die Magie allen Seins und die kosmischen Zusammenhänge zu offenbaren und sie ihrer wahren Schöpferkraft näher zu bringen. Die heiligen Symbole sind in den Bildern des Tarots zu finden. Das alte Wissen überdauerte einige Jahrhunderte, wartete geduldig auf eine Zeit, in der die Menschen erwachen und diese alte Weisheit zu ihrer Erleuchtung anwenden wollen. Wenn wir lernen, das Tarot richtig zu lesen und anzuwenden, ist es eine unerschöpfliche Weisheitsschule, die uns auf unserem Weg der Einweihung zu unserer inneren Vollkommenheit zurückführen kann. Eine großartige Hilfe für all jene, die sich auf die Suche nach der universellen Weisheit und den Zusammenhängen allen Seins machen. Eine Schule zur Selbsterforschung und zur Entwicklung hin zu einem bewussten Leben.

Aber was hat das Tarot mit der liegenden Acht zu tun? Die Lemniskate findet sich ebenfalls im alten übermittelten Schatz der Symbole des Tarots, und zwar auf drei absoluten Schlüsselkarten in Bezug auf unser irdisches Dasein und unsere Entwicklungschancen. Es gibt heute viele künstlerische Ausschmückungen der Tarotkarten, und wir finden ein sehr großes Angebot an Tarotdecks, aber nicht jeder Künstler hat die alten Symbole auch übernommen. Die Karten vom »Rider-Waite-Tarot« und ebenso vom »Aura Soma-Tarot« verwenden die ursprünglichen Symbole und Zeichen.

Wir finden die Lemniskate in den großen Arkana auf der Karte »Der Magier« mit der Zahl Eins. Auf der Zeichnung trägt der Magier über seinem Kronenzentrum die Lemniskate. So einfach wie dieses Symbol auf den ersten Blick erscheint, trägt es dennoch die gesamte Weisheit des irdischen Plans in sich. Für uns ist dies der Hinweis darauf, dass in unserem Seelenplan der Wunsch festgelegt ist, durch das Erkennen der unendlichen Entwicklungsmöglichkeiten, die wir in der Dualität finden, und durch den angemessenen Ausgleich dieser Dualitäten in die Einheit oder ins Eins-Sein zurückzufinden. Die Karte »Der Magier« offenbart uns unsere wahre Schöpfermöglichkeit und, dass wir in uns die Macht der Veränderung tragen. Wir können diese je nach unserer Entwicklungsstufe einsetzen. Die magischen Tools sind an sich neutral, es liegt am Magier, ob er sie zum Wohle alles Lebendigen einsetzt oder zur Manipulation. Das Ziel unserer irdischen Inkarnation ist es, auf dem Weg des Lichts und der bedingungslosen Liebe zu wandeln. Wir lernen, die Dualität nicht zu beurteilen und zu negieren, sondern sie auszugleichen. Dadurch entsteht Ganzheit oder Heil-Sein in uns. Die liegende Acht hilft uns dabei, Gegensätze zu verbinden und das volle Spektrum des irdischen Seins in uns in eine neue Ordnung und liebevolle Akzeptanz zu bringen. Der Magier zeigt uns, wie wichtig es für uns hier auf der Erde ist, unseren höchsten Fokus auf das Verbindende und Ausgleichende zu lenken. Indem wir in uns die Dualität akzeptieren und annehmen, werden wir wieder ganz und aktivieren alle Kräfte, die uns auf diesem Planeten zur Verfügung stehen, zur Veränderung unseres Lebensraumes. Wir selbst werden zum weisen Magier.

Die zweite Karte, die im Tarot die Lemniskate zeigt, ist »Die Zwei der Kelche« in den kleinen Arkana. Die Karte ist der zweite Schlüssel für uns und ein sehr hilfreicher Hinweis darauf, wie wir unsere irdische Reise in die Vollkommenheit bringen können. Die Kelche stehen symbolisch für unseren Emotionalkörper und unsere Gefühle. Die Karte trägt die Zahl Zwei, und Zwei ist die Zahl der Sehnsucht nach Verbindung, der Dualität, der Polarität und der Erkenntnis, dass es nur durch die Akzeptanz des Du ein friedliches Wir geben kann. »Die

Zwei der Kelche« mit der Lemniskate als verbindendem Symbol weist uns darauf hin, dass der Schlüssel in der Anerkennung all unserer Gefühle und in der Balancierung dieser liegt. Die unendliche Breite unserer Gefühle unterstützt oder behindert unseren Weg zur Erleuchtung. Wenn wir mit der liegenden Acht lernen, unsere Gefühle in eine weise Balance zu bringen, werden wir einmal mehr zu den Schöpfern einer neuen Welt. Die größte Hürde auf unserem Weg zum vollen Erwachen, zum bewussten Sein und zur Erleuchtung ist unser Emotionalfeld. Wenn wir dazu bereit sind, die Dualität in uns zu umarmen und die Vereinigung des männlichen und des weiblichen Aspekts in uns anzunehmen, sind wir in unserer vollen Schöpferkraft angelangt.

Ich bitte Sie, nicht einfach so über diese Zeilen hinwegzulesen oder mit dem Kopf zu nicken – nach dem Motto: »Ja, ja, das stimmt, das weiß ich eh schon.« Spüren Sie in sich nach, wo sie noch nicht bereit sind, ihre nicht so lichtvollen Gefühle liebevoll zu umarmen. Wie sieht es aus, wenn Sie in sich Gedanken und Gefühle von Neid, Eifersucht, Wut, Ärger, Hass, Faulheit, Unzulänglichkeit ... wahrnehmen? Wie gehen Sie damit um? Sehen Sie sie als einen Störfaktor, als etwas, was bekämpft werden muss, als ein Scheitern auf Ihrem Weg des spirituellen Erwachens? Oder nehmen Sie es einfach, wie es ist, und erforschen ganz ruhig, warum es so ist und was Sie tun können, um Ihre Gefühle zu integrieren?

Wie gern sehen wir doch in uns die guten Gefühle wie Liebe, Freude, Verständnis, Mitgefühl, Frieden ..., und wie oft beurteilen wir uns sehr harsch, wenn die weniger guten in uns die Oberhand gewinnen. Sehr oft sehe ich in Seminaren, wie sich die Teilnehmer geradezu dafür schämen, wenn sie vermeintlich schlechte oder dunkle Gefühle in sich wahrnehmen. Diese werden dann bekämpft, Selbstbeurteilung und Selbstverurteilung folgen. Die Lemniskate hilft uns jedoch auf einfache Weise dabei, auch die Polaritäten in uns als eine Gesetzmäßigkeit dieser Welt anzuerkennen. Es geht darum, nicht in diesen negativen Gefühlen oder Gedanken verhaftet zu bleiben, unseren Emotionalkörper in den Ausgleich zu bringen und alles, was unser Wachstum hindert, zu transformieren. Das Verbinden der Gegensätze wird uns in der Tarotkarte »Die Zwei der Kelche« gezeigt – alle unsere Gefühle sind ein Teil von uns, und alle haben ihre Berechtigung, sind sie doch ein Spiegel für unsere inneren Befindlichkeiten.

Die dritte Karte, auf der uns die Lemniskate begegnet, gehört ebenfalls zu den großen Arkana und heißt »Die Kraft«. Sie trägt die Zahl Acht, und auf ihr sehen wir eine zarte Frau, die das Maul eines Löwen mit bloßen Händen öffnet – über ihrem Kronenchakra wiederum die Lemniskate. Dies ist noch einmal der Hinweis für uns Lernende, dass wir die Kraft und den Mut haben, unser Leben in Harmonie zu leben, wie wir es uns schon immer erträumt haben, wenn wir z. B. die männliche und die weibliche Energie in uns vereinen. Die Gefühle und der Verstand dürfen ein Ganzes bilden, und auch wir kommen auf unserem Pfad der Erkenntnis in das harmonisierende und ausgleichende Ganze.

Wie weise und großartig von den alten Meistern, dass sie uns mit dem Symbol der liegenden Acht einen Wegweiser für unseren Weg zur Vollkommenheit, die in der Akzeptanz und im Ausgleich der Dualität liegt, in diesen drei Schlüsselkarten übermittelt haben. Indem wir lernen, uns mit den Gesetzmäßigkeiten auf der Erde auszusöhnen und indem wir die Dualität, die uns vom Moment unserer Zeugung bis zu unserem Übergang hier auf der Erde allezeit umgibt, zutiefst verstehen, haben wir die Chance, unserem Leben eine völlig neue

Ausrichtung zu geben. Wir holen durch die Übungen mit der liegenden Acht die Kraft und die Schöpfermacht zu uns zurück und setzen unsere energetischen Ressourcen weise und zum Wohle aller Lebewesen ein. Wir steigen aus unseren emotionalen Dramen aus und beginnen, kreativ, glücklich und innerlich reich zu sein. Der Schlüssel dazu liegt in den unendlichen Entfaltungsmöglichkeiten, die wir durch das Anerkennen der Dualität und der immerwährenden Bewegung innerhalb der liegenden Acht tief in unserem Innersten verstehen und anwenden lernen. Genial einfach und genial allumfassend – so sehe ich den Einsatz und das Verstehen der tiefen Lehre zur universellen Weisheit, die uns dieses Symbol vermitteln kann.

Die Bedeutung der Acht aus chinesischer Sicht

Die Zahl Acht wird in der chinesischen Sprache genauso ausgesprochen wie »Reichtum« und »Wohlstand«. Deshalb gehört sie zu den Glück bringenden, positiven Zahlen. Diese Zahl hat im Chinesischen eine solch große Bedeutung, dass die Olympischen Spiele in Peking sogar am 08.08.2008 eröffnet wurden, exakt um 08:08 Uhr.

Wir finden in der chinesischen Tradition des Feng Shui die ausgleichende Energie der acht Trigramme, die uns bei der harmonischen Gestaltung unserer Lebens- und Arbeitsräume ein hilfreicher Wegweiser sind. Die alte Weisheit des Feng Shui ist eine wahre Schatzkammer an Wissen um die Harmonie allen Seins. In China findet man viele Banken, Wirtschaftseinrichtungen, Gebäude des öffentlichen Lebens und des Staats sowie Privathäuser und Wohnungen, die nach einer ausführlichen Beratung mit einem Feng-Shui-Meister geplant, errichtet und eingerichtet sind. So, wie es in der Traditionellen Chinesischen Medizin ein völlig normales Vorgehen ist, den Menschen in seiner Ganzheit als eine Einheit

von Körper, Geist und Seele zu betrachten, ist es auch in der Gestaltung des täglichen Umfeldes völlig normal, einen möglichst harmonischen Fluss von Energie oder Chi zu erzeugen. Die Lebenskraft wird in der Ausgewogenheit gesehen und nicht in der Isolierung. Die acht verschiedenen Bereiche oder Trigramme werden in Verbindung mit den Menschen gebracht, die die Räume bewohnen oder als Arbeitsstelle nutzen. Denn es ist das Ziel aller Feng-Shui-Maßnahmen, eine möglichst hohe Balance zwischen Mensch und Raum herzustellen. Die Acht betont dabei, dass es im Leben um Glück, Harmonie und Wohlstand geht.

In China sieht man auf vielen Abbildungen die sogenannten Acht Unsterblichen. Es handelt sich dabei um acht Weise, von denen jeder eine einzigartige Begabung besitzt. Sie alle sind unsterblich und wirken miteinander zum Wohle all jener, die sie um Unterstützung bitten. Jeder der acht nutzt sein besonderes Talent, um etwas Außergewöhnliches zu erreichen. So haben sie den Überlieferungen nach zusammen das Meer ohne Hilfsmittel wie Schiff oder Boot überquert, indem sie auf die Kraft ihrer Begabung vertrauten. Von jeher beschäftigen wir Menschen uns mit der Unendlichkeit von Zeit

und Raum. Diese Acht Unsterblichen sind ein magischer Ausdruck dafür, dass Zeit nicht wirklich existent ist und dass es so etwas wie Unendlichkeit gibt.

Auch im »I Ging«, dem Buch der Wandlung, finden wir die acht Trigramme und damit wiederum die Energie der Acht. Das »I Ging« ist eine weise Lebenshilfe für alle Momente unseres Seins und ähnlich wie das Tarot eine Möglichkeit, die Zusammenhänge zwischen Himmel und Erde und allem Sein besser zu verstehen. Es wurde uns von den alten Weisen hinterlassen, um uns in die Mysterien des Lebens einzuweihen.

Die Acht ist aber auch in den wahrhaften, alten Kampfkünsten sehr präsent und unumgänglich. Viele Bewegungen sind Teil der Achterschleife und führen über sie in die nächste Bewegung hinein. Die Acht ist tief verbunden mit dem Leben und dem Tod, denn jede Handlung oder Bewegung innerhalb des Kampfes konnte das Leben erhalten oder den Tod bringen. Wenn wir uns heute die Bewegungen im Tai Chi, Qi Gong, Karate oder Kung Fu ansehen, finden wir die Acht sehr schnell. Immer geht es in den alten Kampfkünsten um eine Verbindung der linken mit der rechten Hirnhälfte bzw. eine Koordination von linker und rechter Körperhälfte. Nie wird nur eine Hand oder nur ein Fuß trainiert, sondern der Fokus liegt auf Ganzheitlichkeit und Nutzung des gesamten Potenzials.

Die Neutralität steht über den Gefühlsverflechtungen und führt somit zu wahrer Kraft und Kreativität. Die Mönche der Shaolin-Klöster üben ihr ganzes Leben lang die alten Kampfkünste. Dabei geht es nicht um den Kampf gegen einen äußeren Feind, sondern um den Ausgleich in ihnen selbst. Die Energie der liegenden Acht im Inneren zu stärken und auszugleichen, ist das Ziel ihrer Bemühungen sowie, den Fokus auf den vollkommenen Punkt der Stille und der Zentrierung und damit auf die höchste Aufmerksamkeit zu lenken. Aus dieser inneren Ausrichtung auf eine vollkommene Ausgewogenheit, eine Balance von Links und Rechts, Oben und Unten, Innen und Außen … und der unendlichen Präsenz im Hier und Jetzt entstehen diese unfassbare Ausdrucksmöglichkeit von Körper und Geist, dieses Hinwegsetzen über die Gesetzmäßigkeiten der Schwerkraft, die uns immer wieder aufs Neue erstaunen, wenn wir diesen Mönchen bei der Ausübung ihrer Kampfkünste zusehen dürfen.

Die Unendlichkeit unserer Entwicklungsmöglichkeiten

Indem wir das Symbol der liegenden Acht verwenden, es als Schmuck tragen oder an verschiedenen Stellen aufzeichnen, öffnen wir uns auf eine neue harmonische Weise für die Vielfalt des Lebens. Die liegende Acht vermittelt uns die Kraft der Grenzenlosigkeit und fördert in uns die Ausrichtung auf Balance und Harmonie. Wir öffnen uns mit diesem Symbol einer unendlichen Anzahl von Lösungsmöglichkeiten und somit auch einer unendlichen Anzahl von Wegen. Wir erkennen unsere unbegrenzten Möglichkeiten und erfahren in unserem Denken und Handeln eine neue Flexibilität. Wir beginnen, zu glauben, dass alles möglich ist. Durch die Balance in unserem Sein erfahren wir eine neue Ausrichtung auf das Wesentliche. Indem wir die liegende Acht anwenden, aktivieren wir das in uns schlummernde Potenzial, und wir bekommen damit einen besseren Zugang zu unseren Ressourcen. Wenn wir unsere Mitte stärken und in unsere natürliche Harmonie finden, fällt sehr viel Kraftanstrengung weg, die wir normalerweise zur Ausbalancierung benötigen. Ein enormes Energiepotenzial wird freigesetzt, das uns dann zur Verwirklichung des scheinbar Unmöglichen zur Verfügung steht. Die legendären Berge versetzt nur derjenige, der ganz und gar in seiner Mitte ruht und der auf die Kraft seiner gesammelten goldenen Energie, die sich genau in dieser Mitte, im Schnittpunkt der beiden Seiten der Achterschwingung befindet, zurückgreifen kann.

Übung: Gestalten Sie Ihre ganz persönliche liegende Acht

Sie brauchen Karton, Zeichenpapier, Buntstifte, Kleber und Schere. Nehmen Sie sich Zeit für Ihre ganz persönliche liegende Acht. Sie soll all das beinhalten, was Sie gern in Ihrem Leben haben möchten. Machen Sie eine Liste mit allem, was auf der Lemniskate stehen soll. Wählen Sie die Größe Ihrer Acht so, dass sie eine Wand Ihrer Wohnung, den Eingangsbereich oder vom Feng Shui her gesehen den Reichtumsbereich in Ihrer Wohnung oder Ihrem Haus aktiviert bzw. harmonisiert. Zeichnen Sie eine liegende Acht auf den Karton. Malen Sie die Linie in einem konstanten Abstand entweder innen oder außen noch einmal nach, sodass ein Rand entsteht. Achten Sie darauf, dass dieser Rand nicht zu schmal ist. Schneiden Sie die Acht aus, und nehmen Sie sie als Schablone für das Zeichenpapier. Zeichnen Sie die Ränder mit einem Stift nach, und gestalten Sie den Raum zwischen beiden Linien. Schreiben, malen oder zeichnen Sie alles hinein, was Sie sich in Ihrem Leben wünschen. Denken Sie daran: Es wird Ihre ganz persönliche liegende Acht der unbegrenzten Möglichkeiten und der unendlichen Entwicklungschancen. Nehmen Sie sich ruhig einige Tage

Zeit dafür, Ihre Acht mit allem zu füllen, was Sie gern haben möchten. Ob Sie während des Gestaltens besonders schöne Musik hören oder eine wohltuende Räuchermischung abbrennen, ob Sie eine Kerze anzünden und Ihren Engel dazu einladen, all das bleibt Ihnen überlassen. Achten Sie nur darauf, dass Sie genügend Zeit haben, innerlich ruhig und friedlich sind und Ihre Acht in der Haltung der heiteren Gelassenheit gestalten. Wenn Sie mit dem Resultat zufrieden sind, schneiden Sie Ihre liegende Acht aus, und kleben Sie sie auf die Schablone aus Karton. Sie können selbstverständlich auch die zweite Seite des Kartons aktivieren und dafür eine weitere Acht mit unterschiedlichen Wünschen gestalten und aufkleben. Wenn Sie Ihre Acht besonders haltbar machen möchten, ist es sinnvoll, sie zu laminieren. Bringen Sie sie an dem Platz an, den Sie dafür vorgesehen haben. Ihre Acht steht für die unendlichen Möglichkeiten in Ihrem Leben und soll Sie immer daran erinnern, dass Ihre Schöpferkraft keine Begrenzungen kennt, sondern unendlich ist. Dies ist ein individueller Raumschmuck, der sehr viel Entwicklungsmöglichkeit und Unterstützung für Sie bereithält. Sie können selbstverständlich auch eine liegende Acht aus Metall oder Holz gestalten, wenn Sie die nötigen Werkzeuge dafür haben.

Die Balance der Hirnhälften

Die liegende Acht wird in den unterschiedlichsten Therapieansätzen zur Balancierung unserer beiden Hirnhälften eingesetzt. Wenn unsere rationale und unsere emotionale Seite optimal zusammenspielen und in Balance sind, fühlen wir uns wohl in unserem Leben. Alle Erlebnisse, die mit unseren Gefühlen und unserem Emotionalkörper in Verbindung stehen, gehen von unserer rechten Hirnhälfte aus, während unser Verstand unserer linken Hirnhälfte zugehörig ist. In unserem restlichen Körper ist es jedoch genau umgekehrt: Hier wird die linke Seite den Gefühlen und der weiblichen Energie zugeordnet und zudem von der rechten Hirnhälfte gesteuert, während die rechte Körperseite der männlichen, rationalen Kraft unterliegt und von der linken Hirnhälfte gesteuert wird. Im Verlauf unseres Lebens wird meist entweder die eine oder die andere Hirnhälfte stärker aktiviert. In unserer westlichen Welt, die sehr auf Lernen, auf Theorie und auf den Einsatz des Intellekts ausgerichtet ist, ist fast immer eine höhere Aktivität der linken, rationalen Hirnhälfte eine Folge des Erziehungsprogramms, durch das wir alle gewandert sind. Wir finden häufig keinen sehr guten Zugang zu unserer rechten Hirnhälfte oder fürchten uns sogar vor unseren Gefühlen. Meist haben wir nicht gelernt, Gefühle als etwas Nützliches anzunehmen oder ihnen eine angemessene Aufmerksamkeit zukommen zu lassen. Gefühle werden in unserer Welt oft als Ausdruck von Schwäche gesehen, und somit ist der Fokus eher auf die extreme Überentwicklung unserer linken, denkenden, materialistischen Hirnhälfte gerichtet.

Unser gesamtes Schulsystem fördert diese einseitige Entwicklungsstrategie und ist stolz darauf. Das Verkümmern der rechten Hirnhälfte macht sich jedoch auch in unserer Gesellschaft bemerkbar, und das ist nicht gerade hilfreich für unser Zusammenleben. Emotionale Kälte oder Gleichgültigkeit sind die Folgen. Keine Verantwortung mehr für das Wohlergehen der Mitmenschen zu übernehmen oder kaum noch Mitgefühl für die Mitgeschöpfe auf diesem Planeten zu empfinden, das zählt ebenfalls zu den Folgen dieser einseitigen Aktivierung unseres Gehirns. Angst vor unseren Gefühlen und ein Unterdrücken der fühlenden Seite in uns sind Erscheinungen, die mit der starken Betonung der rationalen Hirnhälfte einhergehen. Viele Menschen sind in Bezug auf ihre Gefühle verunsichert, wissen nicht mehr, was oder wie sie fühlen, weil sie nie gelernt haben, sich auf das zu verlassen, was sie in ihrem Inneren fühlen, oder auf die Wahrhaftigkeit dieser Gefühle zu vertrauen. Die meisten von uns haben sogar das Gegenteil erfahren, nämlich, dass es schmerzhaft und auch unerwünscht ist, wenn wir zu sehr in die Gefühle gehen. Viele Menschen in unserer westlichen, erfolgsorientierten Gesellschaft haben bereits als Kind beschlossen, ihre Gefühle eher zu ignorieren als im Vertrauen in sie zu leben.

Wir wurden auf Leistung, Erfolg, Schnelligkeit, Egoismus, Materie und rationalen Einsatz unseres Verstandes getrimmt. Das Schulsystem nahm – und nimmt immer noch – wenig Rücksicht auf die kreativen Ausdrucksformen der rechten Hirnhälfte. Nur einige wenige alternative Schulen, die einen Abschluss anbieten, der aber meist nicht staatlich anerkannt ist, gehen auf die Ganzheit der unendlichen menschlichen Möglichkeiten ein und fördern gleichermaßen die Entwicklung der linken wie der rechten Hirnhälfte. Menschen, die ihre rechte, fühlende, kreative Hirnhemisphäre nicht entwickeln, sind einfacher zu lenken, denn man kann ihnen weismachen, dass Materie alles ist. Unser magisches Verständnis liegt in unserer rechten Hirnhälfte und nicht in unserer linken. Wenn wir also nur auf Materie, auf Wettbewerb und auf gegenseitiges Ausbooten trainiert werden, sind wir eine leicht zu beeinflussende Masse. Korruption, Unehrlichkeit, Missgunst, Neid, Hass, Angst, Manipulation ... sind Auswirkungen einer zu stark auf die linke Hirnhemisphäre ausgerichteten Persönlichkeit. Sobald wir in unserer Einheit wären und beide Hemisphären in einer ausgewogenen Balance zum Einsatz kommen könnten, gäbe es keine Trennung mehr, und der Traum von Einheit durch die Akzeptanz von Gegensätzen könnte sich auf der Erde verwirklichen. Wir alle würden verstehen, dass die Erde für uns alle gleichermaßen sorgt und dass es keinen Sinn ergibt, wenn wir uns überheblich oder manipulativ verhalten, denn die Einzigen, die wir damit schädigen, sind wir selbst. Durch die starke Betonung von Wettbewerb und der materiellen Seite des Lebens trennen wir uns von dem uns umgebenden Du und blockieren damit unser Erwachen und auch unseren Weg zur Erleuchtung.

Wenn wir nun unsere beiden Hemisphären in Einklang bringen wollen, bedarf es einiger Übung und natürlich der Tugend der Geduld. Vielleicht haben Sie viele Jahre lang in der starken Betonung Ihrer linken Hirnhälfte gelebt, und es wird nun ein bisschen Zeit in Anspruch nehmen, die rechte, fühlende, kreative Hirnhemisphäre aus ihrem Dornröschenschlaf zu erwecken.

Es ist ja auch wichtig, dass die beiden Hirnhälften beginnen, zusammenzuarbeiten, und gleichermaßen miteinander an unserem Lebensausdruck und Glück beteiligt sein dürfen. Logik und Gefühl dürfen von nun an Hand in Hand gehen und in einem unendlichen Austausch ihrer Weisheiten sein. Geben Sie sich die Zeit, wieder auf Ihre Gefühle und auf Ihren kreativen Lebensausdruck zu vertrauen zu lernen. Lassen Sie die beurteilende (von der linken, rationalen Hirnhälfte ausgehende) Haltung Ihnen selbst und Ihrem Fortschritt gegenüber langsam in eine liebevolle und verständnisvolle Lebenseinstellung hineingleiten. Trainieren Sie immer wieder Ihre rechte Hirnhälfte. Lernen Sie, darauf zu vertrauen, dass Ihre kreativen Einfälle auch nützlich sind. Unser Gehirn kann so viel mehr, als uns beigebracht wurde. Unsere Genialität und unsere Schöpferkraft entstehen zu einem großen Teil im Zusammenspiel unserer beiden Hirnhemisphären. Ganzheit und Gesundheit liegen im ausgleichenden Miteinander, und das gilt auch für unser Gehirn. Das Herzzentrum, das wir so gern aktiver nutzen wollen, unsere Herzstimme, die wir so gern klarer wahrnehmen wollen, sie sind ebenfalls mit unserer rechten Hemisphäre verbunden, denn in ihr liegen die Wahrnehmungs- und auch Ausdrucksmöglichkeit unserer Gefühle. Unser Gehirn ist eine geniale Schaltzentrale und unser Verbündeter. Lernen wir, diesen Freund in seiner ganzen Kraft zu nutzen und nicht nur einen Bruchteil von ihm einzusetzen. Unsere beiden Seiten dürfen sich vereinigen und gemeinsam zum Ausdruck unseres Lebens werden.

Zur Aktivierung der beiden Hemisphären haben wir unterschiedliche Hilfsmittel, eines der wirksamsten ist die liegenden Acht. Es gibt auch Musik, die ganz speziell für den Ausgleich der Hirnhälften komponiert wird. Sie finden sie in jedem gut sortierten Musikladen oder CD-Geschäft. Die am weitesten verbreiteten Therapieformen zur Harmonisierung der beiden Hemisphären, bei denen mit der liegenden Acht gearbeitet wird, sind die Kinesiologie und Brain-Gym. Auch eher kritische Menschen haben festgestellt, dass es die Zusammenarbeit der beiden Hirnhälften fördert, wenn mit beiden Händen, die sich über der Körpermitte kreuzen, eine Acht nachgezeichnet wird. Die unterschiedlichen Übungen mit Zuhilfenahme der Schwingungsfrequenz der liegenden Acht werden vor allem bei Kindern mit unterschiedlichen Lernschwächen oder Konzentrationsmangel eingesetzt. Durch das Balancieren der beiden Hirnhälften entsteht eine bessere Koordination zwischen Denken und Fühlen. Für die Zusammenarbeit unserer beiden Hemisphären ist es wichtig, dass wir uns angewöhnen, mit Bewegungen über unserer Körpermitte zu kreuzen. Mit den Körperübungen wird diese Verbindung zwischen linker und rechter Hirnhälfte gefördert. Wenn wir lernen, die beiden Hemisphären miteinander in Einklang zu bringen und beide gleichermaßen zu verwenden, wird das Spektrum des Ausdrucks unseres Lebens um ein Vielfaches erweitert.

Wenn unsere Logik und unsere Emotion in einem ausgewogenen Miteinander sind, fühlen wir uns rundum wohl. Wir treffen weise Entscheidungen, und wir empfinden uns selbst als kraftvoll, kompetent und vital. Wir haben auch eine größere soziale Kompetenz und fühlen uns in unserem Alltagsleben viel leichter. Wir sind mitfühlender mit uns selbst und mit allen anderen Lebewesen und können uns auch gut gegen jegliche Übergriffe abschirmen. Wenn die linke und die rechte Hirnhälfte in Balance sind, werden wir auch nicht so leicht zum Opfer von sozialer Ausbeutung bzw. lernen wir, unser angeborenes Helfersyndrom besser zu balancieren. Wir erkennen, wann es wichtig ist, Ja zu sagen, und wann es lebensnotwendig für uns ist, Nein zu sagen. Wir fühlen uns kompetenter und stärken auch unseren Selbstwert wie auch unser positives Durchsetzungsvermögen. Unsere Denkfähigkeit wird optimiert, wir lernen leichter und schneller, und wir behalten das Gelernte auch besser. Wir entwickeln eine größere Konzentrationsfähigkeit und stärken unser Gedächtnis.

Gerade bei der Arbeit mit Kindern, die ja noch in einer sehr aktiven Phase des Lernens sind, konnten durch kinesiologische Ausgleichsübungen schöne Erfolge erzielt werden. Es erstaunt mich nicht wirklich, dass gerade in unserer westlichen Erziehung Lernstörungen und Aufmerksamkeitsdefizite immer stärker bei Kindern und natürlich auch bei Erwachsenen wahrgenommen werden. Unsere Kinder offenbaren uns seit einigen Jahren, wie wichtig es ist, eine neue ausgewogene Verhaltens- und Erziehungsform zu finden. Wir könnten banal ausgedrückt sagen, unsere Kinder streiken und zeigen uns, dass diese Form der Erziehung einfach nicht länger akzeptabel ist. Sie fordern mit ihrem Verhalten ein Umdenken und Umfühlen. Sie lassen unsere Erziehungssysteme einstürzen und wollen sich nicht mehr in eine durch die linke Hirnhälfte gesteuerte Gesellschaftsform zwingen lassen. Wir sprechen von einem neuen Goldenen Zeitalter, von Erwachen, von Aufstieg, von Erleuchtung, von neuen Dimensionen, und unsere Kinder sind alte weise Seelen, die sich inkarnieren, um uns die Richtungsänderung anzuzeigen. Niemand hat uns gesagt, dass der Umschwung auf der Erde, von dem wir ein Teil sind, bequem werden wird, und von Schnelligkeit war auch nie die Rede, sondern von Aufmerksamkeit, Geduld, Kontinuität und fortwährendem Lernen. Vom Entwickeln der wahren goldenen Eigenschaften in uns wie Liebe, Mitgefühl, Harmonie, Ausgleich, Frieden, Akzeptanz, Achtsamkeit, Herzensbildung und alle guten Eigenschaften, die wir gern leben würden. Der ewige ausgleichende Fluss der Energie, den wir in der liegenden Acht finden, ist das Symbol des Erwachens für uns alle.

Wenn wir für die Zukunft eine gesunde Gesellschaft entwickeln wollen, werden wir alle lernen dürfen, unsere beiden Hemisphären wieder miteinander zu nutzen und von der Überbetonung einer Seite in eine neue Ausgewogenheit zu kommen. Es ist auch nicht so schwer, diese Gesetzmäßigkeiten zu verstehen, aber es bedarf Geduld, diese Erkenntnisse auch tatsächlich in unserem alltäglichen Leben umzusetzen, und zwar in jedem Moment. Der Ausstieg aus der übertriebenen Leistungsgesellschaft ist nicht einfach, und unsere Eitelkeit, die ja bekanntermaßen in unserer linken Gehirnhälfte angesiedelt ist, wurde in den vergangenen Jahrzehnten ganz ausgezeichnet trainiert.

Übung: Verbinden der beiden Hirnhälften

Stehen Sie gerade und aufrecht. Halten Sie zuerst Ihre linke Hand ganz entspannt neben Ihrem Körper, und arbeiten Sie nur mit der rechten Hand. Der Daumen der rechten Hand zeigt nach oben, und Sie beschreiben mit ihm eine große liegende Acht in die Luft vor Ihrem Körper. Der Kreuzungspunkt der Achterschleifen liegt dabei vor Ihrer Brust auf Ihrer Mittelachse. Die Achterschleifen sollten ausgewogen und gleich groß sein. Gehen Sie mit Ihrer rechten Hand so weit nach links und rechts, dass Ihr Oberkörper noch gerade bleiben kann und es bequem für Sie ist. Folgen Sie der Bewegung mit Ihren Augen, ohne den Kopf zu drehen. Dann wechseln Sie die Hand und führen die Übung mit Ihrer linken Hand aus. Üben Sie jeweils einige Minuten lang.

Variante für Fortgeschrittene

Legen Sie mit ausgestreckten Armen beide Handflächen vor Ihrer Brust in Herzhöhe zusammen. Beschreiben Sie nun mit beiden Händen gemeinsam die große liegende Acht in die Luft, indem Sie so weit nach links außen gehen, wie es noch bequem für Sie ist, um dann in einer

Schleife nach rechts zu wechseln. Die Achterschleifen sollen ihren Kreuzungspunkt immer wieder auf der Höhe Ihrer Brust haben. Halten Sie Ihren Körper und auch Ihren Kopf ruhig, folgen Sie aber mit den Augen der Bewegung.

Achten Sie dabei auf eine ruhige und tiefe Atmung. Sie spüren, wie nach einigen Minuten Ruhe und Entspannung in Ihrem Inneren einkehren. Die linke und die rechte Hirnhälfte beginnen, sich zu entspannen und besser miteinander zu verbinden. Stress wird abgebaut, innerer Friede kann sich ausdehnen. Durch die Wiederholung der liegenden Acht verbinden Sie die linke und die rechte Hemisphäre auf eine sehr einfache und effektive Weise miteinander, und Sie fühlen sich dadurch munterer und aufmerksamer. Sie müssen nichts Spezielles denken. Lassen Sie sich einfach nur ganz auf die Bewegung ein, und vertrauen Sie darauf, dass die liegende Acht für Sie zu Ihrem höchsten Wohle arbeitet. 12 bis 20 Wiederholungen in eine Richtung genügen, danach wechseln sie die Richtung und wiederholen alles wiederum 12 bis 20 Mal.

TIPP: Die Übung bedarf nur weniger Minuten Ihrer Zeit, und es ist egal, zu welcher Tageszeit Sie sie machen. Erinnern Sie sich an sie immer dann, wenn Sie aus der Konzentration gefallen sind oder einen schnellen Anker brauchen. Vollführen Sie einige liegende Achterschleifen vor Ihrem Herzen. Sie haben Ihre Hände immer bei sich, deshalb ist diese Übung auch so einfach überall auszuführen. Sie müssen sich nur daran erinnern und es auch tun.

Übung: Dirigieren

Dies ist zwar eine Übung für Fortgeschrittene, aber sie ist auch leicht zu lernen. Sie beginnen wieder mit der Bewegung vor Ihrer Brust auf der Höhe Ihres Herzzentrums. Gehen nun mit der linken Hand nach links außen und gleichzeitig mit der rechten Hand nach rechts außen, und schreiben Sie wieder eine liegende Acht in die Luft. Lassen Sie beide Achten in einem Punkt in der Mitte Ih-

rer Brust überkreuzen. Führen Sie diese Bewegung, die an einen Dirigenten erinnert, der sein Orchester im Dreivierteltakt führt, für einige Minuten aus. Wiederholen Sie sie wieder so oft, wie Sie möchten, oder wenn Sie einen Konzentrationskick brauchen.

Übung: Nase – Ohr

Fassen Sie mit den Fingern der linken Hand ganz leicht Ihre Nasenspitze und mit den Fingern Ihrer rechten Hand ganz leicht Ihr linkes Ohr. Ihr rechter Arm kreuzt dabei Ihren linken Arm. Dann nehmen Sie gleichzeitig die Finger von Nasenspitze und Ohr und wechseln mit den Fingern Ihrer rechten Hand auf die Nasenspitze und mit den Fingern der linken Hand an Ihr rechtes Ohr. Ihre Hände beschreiben beim Wechsel eine sanfte liegende Acht vor Ihrem Gesicht. Die Übung trainiert ihre Koordinationsfähigkeit und den Ausgleich zwischen linker und rechter Hemisphäre. Sie lässt Sie auch ruhiger und zentrierter werden. Wenn Sie schon treffsicher sind, ist es sehr meditativ, während der Übung die Augen zu schließen und den Wechsel der Handbewegungen mit Ihrem Atemfluss in Verbindung zu bringen. Sie werden merken, wie Ihre Konzentrationsfähigkeit zunimmt.

Übung: Elefantenrüssel

Berühren Sie mit den Fingern Ihrer linken Hand Ihre Nasenspitze. Stecken Sie dann Ihre rechte Hand durch die Schleife, die Ihr linker Arm bildet. Strecken Sie den rechten Arm hindurch, und beschreiben Sie mit Ihrer rechten Hand eine Acht. Folgen Sie mit Ihren Augen der Bewegung. Nach einigen Minuten wechseln Sie die Hände und berühren die Nasenspitze mit den Fingern Ihrer rechten Hand. Strecken Sie Ihren linken Arm hindurch, und zeichnen Sie die Acht.

TIPP: Dies ist auch eine großartige Übung für Kinder.

Durch diese verbindenden Übungen bekommen wir einen besseren Zugang zu einem unendlichen Schöpferpotenzial, das in uns liegt und von dem meist nur ein geringer Bruchteil Anwendung findet. Dabei geht es nicht darum, dass wir es nicht nutzen wollen, sondern darum, dass uns niemand jemals gezeigt hat, wie wir es schaffen, unsere beiden Hemisphären als ein gut funktionierendes Team zusammenzubringen. Durch den Einsatz der liegenden Acht bekommen wir eine unendlich große Hilfe, um unser gesamtes Sein in eine neue Ausrichtung zu bringen.

Wir leben in der Dualität und streben nach Harmonie

Auch wenn die meisten Menschen es sich vielleicht anders wünschen, ist es doch ein Fakt, dass wir hier auf der Erde in einer dualen Welt leben. Unser Leben beinhaltet Tag und Nacht, Licht und Dunkel, Gut und Böse, Heiß und Kalt, Weiblich und Männlich, Leicht und Schwer, Yin und Yang, Oben und Unten, Fülle und Leere … ja, es ist sogar so, dass die Unterscheidung der beiden Seiten für uns erst aus dem Wissen um die Gegensätze heraus entsteht. Wenn wir Hitze nicht kennengelernt haben, können wir Kälte nicht benennen. Sobald jedoch eines zu stark betont wird, schwächt es das andere, und Disharmonie entsteht. Zu viel Süßes erregt in uns die Lust auf etwas Saures. Der Ausgleich der Dualität ist somit unser höchstes Streben im irdischen Spiel. Erst wenn wir der Kraft, die in der Balance liegt, genügend Aufmerksamkeit schenken, haben wir die Chance, gemeinsam auf der Erde ein neues Paradies zu errichten.

Wir Lichtarbeiter sind hier auf der Erde, um die Waagschalen wieder in Balance zu bringen. Wir sind der Ausgleich, eine der beiden Seiten in der Achterschleife. Damit die Lemniskate der Erde wieder in die horizontale Ordnung kommt, dürfen wir unsere gesammelte Kraft auf unser Licht, unsere Liebe, unsere Großzügigkeit, unser Mitgefühl, unseren Frieden und auf unsere Einheit lenken. Es ist an der Zeit, dass wir die Energie des Ausgleichs, die uns die liegende Acht bringt, für unsere persönliche Entwicklung und unsere Bewusstseinsaus-

dehnung anwenden. Durch unseren Einsatz entsteht ein neuer Lebensraum auf der Erde, der von unseren Nachkommen besiedelt werden kann. Die vergangenen Kulturen haben uns gezeigt, dass eine zu starke Ausrichtung auf eine Seite, auf ein Entweder-oder nicht von Bestand sein kann. Der Untergang lag schon immer in der Disharmonie, während die Beständigkeit in der Harmonie und im Zusammenspiel der Dualität – im ausgleichenden Mittelweg eben – zu finden ist.

Die Gesetzmäßigkeit des Ausgleichs und der Balance leuchtet uns ein, wenn wir gerade Mangel empfinden. Wir suchen einen Ausgleich und strengen uns an, um das Ersehnte anzuziehen. Wenn wir jedoch gerade im Überfluss sind, wollen wir diesen nicht ausgleichen, und wir wehren uns oder haben sogar Angst, weil wir dazu neigen, eines der beiden Extreme anzuziehen, anstatt in Harmonie zu sein. Die meisten Menschen denken und leben in einem Entweder-oder-Schema, statt ein harmonisches Sowohl-als-auch anzustreben. Ich möchte an dieser Stelle nicht den Eindruck erwecken, dass wir nicht in der Fülle sein sollen. Ganz im Gegenteil: Es geht einfach darum, wie wir diesen Überfluss leben und ob wir in ihm auch Raum für die duale Seite der Leere erschaffen können. Wie wir hier auf der Erde nicht ununterbrochen Sonnenschein haben können, weil die Natur dann vertrocknen würde, sondern es wichtig ist, dass es auch Regen oder Feuchtigkeit gibt, genauso verhält es sich mit allem, was uns umgibt. In uns darf Entspannung einfließen, sowohl das Wärmende und Trockene der Sonnenstrahlen als auch das Kühlende und Feuchte des Regens zu begrüßen, beides freudvoll willkommen zu heißen und zu umarmen. Wenn wir in uns die Einheit finden und diese zu leben lernen, wird uns auch die Möglichkeit gegeben, eine neue Einheit um uns herum zu erschaffen. Harmonie und Balance für uns und unser Umfeld liegt in der Akzeptanz und in der ausgleichenden Verbindung der Dualität. Das wiederum gelingt uns, indem wir die wahre Kraft hinter dem einfachen Symbol der Lemniskate verstehen. Die Erde ist ein dualer Planet, und je leichter wir uns damit arrangieren, je besser wir die Gesetze der Dualität in uns anerkennen und nutzen, desto schneller kommen wir auf unserem Weg zur Ganzheit oder zum Eins-Sein voran.

Zum Nachdenken

Nehmen Sie sich einige Minuten Zeit, um über Ihren Alltag nachzudenken. Vielleicht möchten Sie als Gedächtnisstütze sogar die eine oder andere Begebenheit aufschreiben, in der Sie nur ein Entweder-oder für Ihren Lebensplan akzeptiert haben. Spüren oder denken Sie jetzt einmal in sich hinein. Wie ist es, wenn es nur eine Möglichkeit gibt, nämlich das Entweder oder das Oder? Fühlen Sie sich dann in das Sowohl-als-auch hinein, und machen Sie sich den Unterschied in Ihrem Inneren bewusst. Das Entweder-oder lässt meist keinen großen Spielraum für kreative Lösungen, und häufig erzeugt es einen subtilen Druck in unserem Solarplexus, während das Sowohl-als-auch unsere Kreativität anregt, uns viel mehr Freiraum bietet und damit unsere Mitte in die Balance führt. Wie sieht es in Ihrem Leben aus? Wie oft setzen Sie sich selbst diesem Druck aus, anstatt in die Schwingung der Acht zu kommen, die beide Seiten in einem harmonischen Kreislauf durchläuft und eine neue Ordnung in Ihrem Leben herstellt? Gestatten Sie sich den Weg der goldenen Mitte, und befreien Sie sich aus der starren Energie der Einseitigkeit!

Übung: Sich aus einer Entweder-oder-Situation lösen

Zeichnen Sie eine große liegende Acht auf ein Blatt Papier. Schreiben Sie in eine der beiden Schleifen alle Entweder und in die andere alle Oder zu der aktuellen Frage, für die Sie eine Antwort finden möchten. Fahren Sie die Linie der Acht mit dem Stift so oft nach, bis es sich in Ihnen leichter anfühlt. Stellen Sie sich dabei vor, wie die beiden Seiten einen energetischen Tanz miteinander eingehen, wie die Starre der Gedanken durch die Schwingungsenergie und das Licht der Lemniskate aufgelöst wird und zu vibrieren beginnt. Lauschen Sie in sich hinein, und sagen Sie sich immer wieder, dass Sie

sowohl das eine als auch das andere akzeptieren werden. Beide Möglichkeiten sind vorhanden und schließen sich nicht aus. Wiederholen Sie das Nachzeichnen der Achterlinie mehrere Tage hintereinander, bis eine neue Leichtigkeit und ein Lösungsansatz in Ihrem Inneren auftauchen, die nichts mit einer der beiden Seiten zu tun haben müssen, sondern durch die Durchlichtung und die Anhebung der Schwingungsfrequenz der Acht den Raum für eine unabhängige Lösung anbieten.

Ein Beispiel möchte ich Ihnen dazu geben. Ihre Frage lautet zum Beispiel: Soll ich in eine bestimmte Wohnung, die wundervoll, aber sehr teuer ist, ziehen? Oder soll ich in der alten Wohnung bleiben, die nicht mehr meinen Anforderungen entspricht? Dies ist eine typische Entweder-oder-Situation. Schreiben Sie nun alle Kriterien für die neue Wohnung in eine Schleife und alle Kriterien für die alte in die andere Schleife, und zeichnen Sie für einige Tage die Linie der Acht nach, ohne Erwartung, ohne Stress. Dann kann sich daraus eine dritte Möglichkeit ergeben, weder die neue Wohnung noch die alte, sondern ein völlig neues Objekt, das vielleicht schon längst vor unseren Augen liegt, das wir aber bisher noch nicht wahrnehmen konnten.

Die liegende Acht entspannt, harmonisiert und gleicht aus. Das Symbol unterstützt uns dabei, aus festgefahrenen Situationen herauszufinden. Es lässt uns mit der inneren Weisheit unserer männlichen Umsetzungskraft und unserer weiblichen Intuition in Kontakt treten. Die liegende Acht gibt uns die größtmögliche Unterstützung für das harmonische Sein in unserer dualen Welt. Sie ist der Schlüssel für ein tieferes Verstehen dessen, wie wir Gegensätze vereinen können. Unser Alltag und damit auch unser Leben werden viel entspannter und freudvoller.

Harmonische Partnerschaften in der Energie der Lemniskate

Bis auf wenige Ausnahmen ist wohl »Glück und Harmonie in der Partnerschaft« eines der größten Themen im Leben der meisten Menschen und, wie wir dies dauerhaft erreichen können. Das Symbol der liegenden Acht kann uns dabei helfen, unsere eigene uns innewohnende Dualität besser zu integrieren und eine tiefere Harmonie zuerst einmal in uns selbst zu finden. Der harmonische Ausgleich entsteht aus dieser inneren friedlichen und harmonischen Ausrichtung.

Wir werden entweder in einen weiblichen oder in einen männlichen Körper hineingeboren, tragen aber immer auch die Energie des anderen Geschlechts in uns. Wenn wir in einen weiblichen Körper hineingeboren wurden, ist es wichtig, das Feminine als etwas Starkes und Erstrebenswertes anzuerkennen und das Männliche, das ebenfalls in uns vorhanden ist, als Unterstützung des Weiblichen zu sehen und anzunehmen. In unserer westlichen Gesellschaft ist es leider häufig so, dass Mädchen eher dazu erzogen werden, männlich stark, unabhängig und durchsetzungsfähig zu sein. Während die Jungen dazu erzogen werden, anpassungsfähig, verständnisvoll und besonders emotional zu sein. Das erzeugt Verwirrung in uns, denn wir leben in einem weiblichen oder männlichen Körper und agieren aber so, als wären die energetischen Eigenschaften des anderen Geschlechts viel wichtiger für uns. Viele Frauen leben für sich ein männlich strukturiertes Leben. Nach dem Motto »Ein Indianer kennt keinen Schmerz« gehen viele Frauen den Weg des Männlichen. Wir sind zu stolz, um uns von den Männern helfen zu lassen. Auch körperlich schwere Arbeiten meinen wir selbst erledigen zu müssen, um allen zu beweisen, wie stark wir sind. Nun, das sind wir zweifellos. Genauso wie auch Männer tiefe Gefühle haben und sich manchmal schwach fühlen dürfen. Aber ist es wirklich von unserem Schöpfer so gedacht, dass wir als Frau ein männlich orientiertes Leben führen und Männer ein weiblich ausgerichtetes? Viele Missverständnisse und Streitigkeiten in Partnerschaften haben genau hier ihren Ausgangspunkt.

Wenn ich in einen weiblichen Körper hineingeboren wurde, hat das bestimmt einen Grund. Es ist höchste

Zeit, wenn ich das noch nicht umgesetzt habe, die weibliche Seite in mir endlich wichtig zu nehmen. Das Männliche ist auch in mir da, aber es ist der Unterstützer meiner Weiblichkeit und nicht umgekehrt. Genauso ist es bei den Männern: Das Weibliche und das Verständnisvolle unterstützen ihre männliche Durchsetzungskraft.

In meinen Seminaren lachen immer alle Teilnehmer/-innen, wenn ich das Ganze an einem Beispiel erkläre. Früher ging der Mann hinaus und hat gejagt. Er hat einen Bären erlegt und ihn dann mit großer körperlicher Anstrengung zur Frau nach Hause gebracht. Ihre Aufgabe war es dann, das Erlegte weiterzuverarbeiten. Die Frauen haben das Heim schön und gemütlich gemacht, ihre ganze Liebe hineingelegt. Der Mann fühlte sich in seiner männlichen Kraft bestärkt und gewertschätzt, wenn sich die Frau über seine erfolgreiche Jagd gefreut hat. Die Frau wusste um ihren Wert und fühlte sich ebenfalls wichtig und wertvoll in ihrer Rolle. An dieser Stelle können wir einmal kurz reflektieren, wie es in unserem westlichen Alltag aussieht. Heute gehen die meisten Frauen selbst hinaus und erlegen den Bären, um ihn dann mühsam nach Hause zu schleppen und sich darüber zu wundern, dass da niemand ist, der ihn zubereitet. Sie wundern sich darüber, dass das Zuhause nur unter größter Anstrengung heimelig gestaltet wird, und beschweren sich darüber, dass sie alles selbst machen müssen. Frustration dem eigenen Leben und vor allem auch der Partnerschaft gegenüber ist eine häufige Folge.

Ich bitte an dieser Stelle darum, mich nicht misszuverstehen. Ich gehöre nicht zu denen, die sagen: Frauen zurück an den Herd. Es ist mir einfach sehr wichtig, dass wir alle wieder verstehen, dass es beide Kräfte, die männliche und die weibliche, hier auf der Erde gibt. Beide Energien sind völlig unterschiedlich und haben auch verschiedene Aufgaben. Es geht mir um die Wertschätzung des Männlichen und des Weiblichen. Es ist wichtig, dass jeder einzelne Mensch wieder beginnt, mit Achtsamkeit und Liebe in der Energie seines Geschlechts zu leben. In diesem Buch möchte ich Lösungswege aufzeigen und auch neue Ziele für den Fokus unserer Entwicklung definieren. Die liegende Acht ist der Schlüssel dazu. Sie ist das Symbol, das uns dabei hilft, ständig in Bewegung zu bleiben und alle Gegensätze auf die harmonischste Art und Weise miteinander zu verbinden. Es geht um gegenseitige Wertschätzung und Respekt, um Authentizität und Liebe, die immer nur durch die Vereinigung der Gegensätze entstehen kann. Ganzheit entspringt der harmonischen Verbindung der Dualität.

Nun bin ich selbst in einen weiblichen Körper hineingeboren worden, und es hat mich einige Zeit gekostet, zu verstehen, dass ich vieles, was ich so nicht haben will, selbst inszeniere. Ich sah mir selbst über die Schulter, analysierte mich und mein Verhalten, um herauszufinden, dass ich ganz schön männlich unterwegs war. Ich wunderte mich, dass ich von meinen Partnern verlassen wurde, bis ich herausfand, dass ich ihnen gar keine andere Chance ließ, wenn sie nicht, energetisch betrachtet, mit einem »Mann« zusammen sein wollten. Mein gesamtes Energiefeld und die Art, wie ich meinen Lebensalltag gestaltete, waren sehr männlich, während mein Körper sehr weiblich ist. Ich nahm meinen Partnern mit meinem Verhalten jegliche Freude daran, männlich stark zu sein, denn ich konnte ja alles selbst, und noch schlimmer: Ich konnte vieles besser als sie und war auch noch stolz darauf. Warum also sollte ein Mann mit mir in einer Partnerschaft sein wollen, wenn ich – wieder energetisch betrachtet – seinen Schutz, seine starke

Hand und seine Männlichkeit nicht brauchte? Es gab ja in diesen Beziehungen kein Yin und Yang, die miteinander ein Ganzes bildeten, sondern zwei Yang, die miteinander in einer Art Konkurrenzkampf standen. Die Folge daraus war, dass meine Partner andere Frauen fanden, die sich darüber freuten, einen starken Mann an ihrer Seite zu haben. Frauen, die Yin waren und gern mit seinem Yang eine Einheit bilden wollten. Sie können mir glauben, es machte mich sehr nachdenklich. Ich prüfte mich, ging tief in mich, erforschte meine Glaubenssätze, meine Prägungen und fand heraus, warum ich so männlich ausgerichtet war. Das Weibliche brachte ich in meinen Gedanken mit den Begriffen »schwach« und »unzulänglich«, ja, noch schlimmer, mit »unnütz« in Verbindung. Da ich das aber nicht sein wollte, ging ich den männlichen Weg – und das, obwohl ich in einen weiblichen Körper inkarniert hatte.

Nach dieser Erkenntnis begann ich, am Ausgleich meiner männlichen und meiner weiblichen Seite zu arbeiten. Ich nahm die liegende Acht zu Hilfe, um eine angemessene Harmonie in mir selbst zu finden. Ich verstand, was meine wirklich starken weiblichen Attribute sind und wie mich meine eigene männliche Energie dabei unterstützt, diese starke Weiblichkeit umzusetzen. War es anfangs noch sehr ungewohnt und teilweise eine Überwindung für mich, meine zarte weibliche Seite zu zeigen, so ist das heute völlig normal. Ich kann das Weibliche jetzt ehren und wertschätzen und habe gelernt, in mir die Harmonie zwischen Weiblich und Männlich herzustellen und in Balance zu halten. Als ich das kreative Zusammenspiel der dualen Kräfte in mir endlich verstanden hatte und auch tatsächlich begann, sie in meinem täglichen Leben umzusetzen, kam eine neue gelebte Partnerschaft in mein Leben. Jetzt konnte ich die männliche Kraft in meinem Partner auf eine neue Art wertschätzen, und ich konnte mich als Frau mit all meinen weiblichen Stärken lieben und auch das genießen.

Den Männern geht es natürlich nicht viel besser, denn sie erfahren schon früh auf ihrem Erziehungsweg, dass es wichtig ist, dass sie Gefühl zeigen, und dass sie anpassungsfähig sein müssen, was typisch weibliche Attribute sind. Sie werden davon abgehalten, das typisch Männliche zu entfalten, das die Energie des Kriegers und des Jägers in sich trägt, und unterdrücken ihre männliche Kraft, um ja nicht aggressiv oder durchsetzungsstark zu sein. Sie lernen in jungen Jahren, entgegen ihrer eigenen inneren Natur, angepasst und lieblich zu sein, was ihnen natürlich nicht gerade guttut. Aus diesem Grund tun sich viele Männer mit den Anforderungen in unserer Gesellschaft sehr schwer und haben Probleme damit, ihre Männlichkeit erfüllt von Stolz und Freude zu leben. Sie tragen die Verwirrung und die Unsicherheit darüber, was überhaupt von ihnen als Mann verlangt wird, in sich. Und das wirkt sich genauso ungünstig auf unsere Partnerschaften aus wie die weibliche Verwirrung. Da haben wir nun einen Mann und eine Frau, die nichts anderes als miteinander glücklich sein wollen und sich sehr schwer damit tun, ihre Rollen zu finden und das Glück, das sie sich so sehr ersehnen, in ihrem Leben zu manifestieren.

In vielen meiner Seminare und auch in zahlreichen Einzelsitzungen lautet die Frage: Wie kann ich meine Weiblichkeit oder meine Männlichkeit stärken und auch leben lernen? Immer wieder ist dies ein zentraler Mittelpunkt. Vor allem wenn es um gelebte Partnerschaft geht, ist häufig die Angst davor, vom Partner nicht verstanden zu werden oder keine Möglichkeit zu bekommen, die eigenen Bedürfnisse oder Wünsche auszudrücken, die hinderliche Energie. Das Verstehen dessen, was männlich und was weiblich ist und wie wir es in uns ausgleichen können, das ist die Kraft und die Einsicht, die uns die liegende Acht vermitteln kann. Mit ihr fühlen wir uns wieder wohl und können unsere individuelle Kraft in eine Partnerschaft einbringen. Wir befreien uns von den uns anerzogenen Verhaltensmustern, die sehr oft zu Trennung statt zu Vereinigung führen.

Wie hilft uns die liegenden Acht in Partnerschaften und allgemein in Beziehungen?

Die liegende Acht kann uns bei der Balancierung der weiblichen und der männlichen Kraft sehr gut behilflich sein. Die Übungen muten einfach an, sind aber sehr wirkungsvoll. Eine unserer menschlichen Prägungen ist ja auch, dass nur das, was wirklich schwierig ist, hilfreich und von Erfolg gekrönt sein kann. Deshalb neigen wir dazu, sehr viel Schweiß und/oder Geld in unsere Entwicklung zu investieren, anstatt den Weg der Kontinuität und der Leichtigkeit zu beschreiten. Sehr gern hätten wir, dass durch das Außen eine Veränderung in uns stattfindet. Der Weg des Erwachens hin zu einem erfüllten Leben ist aber nur dann möglich, wenn wir in uns etwas verändern und die Energie der Vereinigung der Gegensätze in uns finden. Das Erwachen liegt nicht in der Energie des Kampfes. Wir müssen nichts in uns bekämpfen, sondern den Weg der Erleuchtung finden. Dieser hat zum Ziel, Dualität tief in ihrer Sinnhaftigkeit zu verstehen und sie sich zunutze zu machen. Die wahre Lebenskraft, die uns auf unserem Weg zum Erwachen unterstützt, liegt in der Verbindung der Dualitäten, die das Leben auf der Erde einfach bestimmen. Erst, wenn wir die dualen Kräfte in uns verstehen und auch tatsächlich in Liebe umarmen können, wenn wir die Balance und die gleiche Wertigkeit für alles Polare in uns und um uns herum anerkennen, erst dann haben wir die Möglichkeit, in unseren inneren Frieden und die bedingungslose Liebe einzutauchen. Die neue Gesellschaft, das neue Goldene Zeitalter, die Macht des Aquarius liegt genau in diesem Verständnis der dualen Gesetze auf der Erde und im Ausgleich und in der Verbindung der Gegensätzlichkeiten.

Übung: Ausgleich des Männlichen und des Weiblichen in uns

Sie brauchen ein großes Blatt Papier und verschiedene Farbstifte. Malen Sie eine liegende Acht auf das Zeichenblatt. In eine der Schleifen schreiben Sie alle Ihre männlichen Eigenschaften hinein und in die andere alle weiblichen. Achten Sie darauf, dass die Beschreibungen positiv sind. Umkreisen Sie die Acht immer wieder mit den unterschiedlichen Stiften. Verbinden Sie beide Energien, das Männliche und das Weibliche, in der inneren Haltung der Wertschätzung. Sie nehmen beide Energien an: Mit jeder Umrundung werden in Ihnen die beiden dualen Ströme in einer harmonischen Weise ausgeglichen und vereint.

Übung: Harmonie in die Partnerschaft bringen

Stellen Sie sich die liegende Acht vor Ihrem geistigen Auge vor. Nun stellen Sie sich selbst in eine der beiden Schleifen und ihren Partner in die andere. Fahren Sie in Gedanken die Linie der Lemniskate immer wieder nach, bis Sie in sich eine harmonische, ausgeglichene Energie wahrnehmen. Diese sehr einfache Übung eignet sich besonders gut in Momenten, in denen es Spannungen in der Partnerschaft gibt. Sie geben damit sich selbst den Raum für Ihre Individualität, aber auch Ihrem Partner den für seine Einzigartigkeit. Probieren Sie es gleich aus. Die Übung nimmt Spannungen und hilft auch dabei, Meinungsverschiedenheiten gelassener zu lösen. Das Verbindende und unendlich Wachsende wird auf das Positivste gefördert, während das Trennende auf eine sehr mitfühlende Art als nicht mehr so schmerzhaft oder negativ empfunden wird. Die liegende Acht gibt Platz für Individualität und Gemeinsamkeit zur gleichen Zeit. Häufig nehmen wir einen wundervollen leichten Raum zwischen unserem Partner und uns wahr, sobald wir die liegende Acht als Schwingungsfrequenz um uns kreisen lassen. Damit bekommen wir wieder mehr Luft für kreative Lösungen. Ihr Partner muss dafür nicht anwesend sein, denn diese Übung wirkt durch Zeit und Raum.

TIPP: Sie können diese Übung für alle Personen machen, die für Sie wichtig sind. Von Geschwistern, Eltern, Arbeitskollegen bis hin zu Nachbarn oder Vorgesetzten. Sie erschafft auf eine positive und verbindende Art und Weise mehr Freiraum und Freiheit für kreative und positive Lösungen. Dies ist eine meiner Lieblingsübungen.

Übung: Unterstützung beim Finden von Lösungen

Diese Übung kann für alle Fragen angewendet werden und ist nicht nur für alle unsere Partnerschaftsfragen wichtig. Stellen Sie sich eine große liegende Acht vor, entweder in Ihrem Zuhause oder in der Natur. Beginnen Sie, diese Acht abzuschreiten. Nehmen Sie sich bitte Zeit, denn es kann sein, dass Sie eine Weile brauchen, bis die Lösung aus Ihnen heraus auftaucht. Mit der Frage gehen Sie vom Pluspol durch die neutrale Mitte zum Minuspol und wieder zurück zum Pluspol der Lemniskate.

Durch die Bewegung, das Bewusstmachen der Polaritäten und die gleichzeitige Konzentration auf die Frage entsteht in uns eine neue Wahrnehmung. Aus dieser bildet sich die Bereitschaft des Annehmens, und aus dem Annehmen entwickelt sich langsam eine Veränderung, die wiederum eine Vereinfachung des Themas beinhaltet. Auf diese Weise stoßen wir zum ursprünglichen Kern der Frage vor und bekommen die Lösung auf eine sehr einfache Art präsentiert, während wir ganz ruhig weitergehen und in Gedanken immer wieder die liegende Acht abschreiten.

TIPP: Dies ist ebenfalls eine meiner Lieblingsübungen. Ich habe gerade zu dieser Übung sehr viele positive Rückmeldungen bekommen. Sie ist genauso einfach wie effizient und erfordert nur ein wenig Geduld und Zeit. Weil wir durch das gleichzeitige Konzentrieren auf die Frage und das Gehen abgelenkt sind, kann leichter Klarheit aus unserem Innersten aufsteigen. Wir verbeißen uns nicht in eine mögliche Antwort, sondern geben uns dem Gehen hin. So entsteht die Antwort aus uns heraus. Die Übung kann so oft wiederholt werden, bis alles ganz klar ist und alle Fragen beantwortet sind.

Ritual: Den idealen Partner anziehen oder mehr Gemeinsamkeit in der bestehenden Partnerschaft erschaffen

Sie benötigen ein Band, am besten eine rote Kordel oder rote Wolle, ein schönes großes Blatt Papier in Rosa oder einem Rotton und ein kleines Bild jeweils von sich selbst und Ihrem Partner. Wenn Sie noch keinen Partner haben, nehmen Sie ein Foto von der Person, die Sie in Ihrem Leben präsent haben möchten. Sollten Sie kein Bild haben, schreiben Sie den Namen und das Geburtsdatum Ihres Partners auf das rosa Blatt. Sollten Sie noch keine Idee haben, wer in Ihr Leben tritt, schreiben Sie auf das Blatt: »Der/Die Partner/-in, der/die am allerbesten zu mir passt, mit dem/der ich eine Einheit bilden und in Harmonie sein kann, möge jetzt in meinem Leben präsent sein. DANKE.« Wenn Sie einige Angaben machen möchten, was Ihnen ganz besonders wichtig ist an Ihrem neuen Partner, können Sie diese Eigenschaften auf das Blatt Papier schreiben.

Legen Sie nun mit dem roten Band eine liegende Acht, am besten auf einen Platz in Ihren persönlichen Räumen, der für Sie sehr besonders ist. Das kann ein kleiner

Hausaltar sein, ein Engelplatz oder der Platz, an dem Sie immer frische Blumen und Kerzenschein haben. Legen Sie in eine der Schleifen der roten Acht Ihr Bild und in die andere das Bild, die Daten oder Ihren Wunsch für den Partner, den Sie gern in Ihr Leben einladen möchten, auf dem rosa Papier. Lassen Sie die Achterschleife mit den persönlichen Daten die nächsten Tage liegen. Die Lemniskate symbolisiert das Eins-Sein, und mit diesem Ritual ziehen Sie Einheit oder Ganzheit in Ihrer Partnerschaft oder der kommenden Partnerschaft an. Sie öffnen damit den Raum für völlig neue Möglichkeiten in der gelebten Beziehung, die Chance auf Eins-Sein, Freiheit, Individualität und zugleich Zusammengehörigkeit. Das alles geschieht sehr entspannt und harmonisch auf der energetischen Ebene durch die Auslage der Bilder und Daten, die von diesem kraftvollen Symbol umrundet werden.

Ich erinnere Sie an dieser Stelle daran, dass es wichtig ist, dass wir die Tugend der Geduld entwickeln. Wir Menschen neigen dazu, alles, was wir in unseren Gedanken erfasst haben, sofort auch in der Materie haben zu wollen. Das Universum ist aber nicht immer bereit, sofort zu reagieren. Manchmal dauert es einige Zeit, bis die Schwingungsfrequenz unseres energetischen Feldes so ausgeglichen ist, dass die Wunder oder Veränderungen, die wir erwarten, auch stattfinden können. Erinnern Sie sich daran, wie viele Jahre Sie in der einen oder anderen Unausgewogenheit verbracht haben, und geben Sie sich selbst die Chance, Ihre Lebenswaagschalen in einem angemessenen Zeitraum auszugleichen. Überfordern Sie sich nicht wieder, indem Sie ungeduldig sind und den Erfolg Ihrer neu gewonnenen Erkenntnisse stören.

Der Weg der Veränderung beginnt meist in unserer äußersten energetischen Hülle und wandert dann durch jede der sieben Schichten zu uns herein, wird also in jede einzelne Ebene integriert. Die Materie ist dann die letzte Ebene, in der die Integration stattfindet. Deshalb ist es auch keine Überraschung, dass viele unserer Erkenntnisse eine Weile benötigen, um in unserem Alltag, in der Materie zur Umsetzung zu kommen.

Ein altes keltisches Hochzeitsritual

Während ich diese Zeilen über die liegende Acht, die Verbindung des Männlichen und des Weiblichen sowie über die Vereinigung in unseren Partnerschaften schrieb, fragte ein Ehepaar bei mir an, ob ich eine Zeremonie für sie abhalten könne. Sie wollten zu ihrem 20. Hochzeitstag eine Erneuerung ihres Ehegelöbnisses aussprechen. Dabei wünschten sie sich eine keltische Zeremonie inmitten der Natur an einem Kraftplatz. Es ist nicht verwunderlich, dass ein sehr altes heidnisches Hochzeitsritual die liegende Acht als ein wichtiges Element beinhaltet.

Eheleute, die sich das Versprechen geben oder es erneuern wollen, werden von einem Priester oder einer Priesterin miteinander verbunden. Das Paar steht sich dabei gegenüber und legt jeweils die rechte Hand in die rechte des Partners und die linke Hand in die linke des Partners. Dadurch entsteht zwischen beiden eine Acht. Schon in früheren Zeiten war dies ein Zeichen für die unendliche Verbundenheit. Der Priester bindet ein geweihtes Tuch oder eine Kordel um die Hände und spricht die Segnungen für diese Beziehung aus. Dann werden beide um ihr Eheversprechen gebeten. Sie können sich entweder ein Versprechen für ein gemeinsames Leben geben, solange die Liebe währt. Sollte die Liebe in diesem Leben aus welchen Gründen auch immer nicht mehr fließen, so haben beide Partner die Möglichkeit, ihre Verbindung in einer Zeremonie zu lösen und wieder ihre eigenen Wege zu gehen. Sie können sich aber auch ein Versprechen für ein gemeinsames Leben bis in alle Ewigkeit geben. Dieses Versprechen währt bis zum Tod und noch darüber hinaus.

Dann wird das Band gelöst. Das Paar nimmt es mit nach Hause und bewahrt es am Hausaltar auf. Während der Zeremonie wird auch eine Kerze entzündet und ebenfalls in das gemeinsame Heim der Eheleute getragen. Dieses Licht soll in den guten Momenten wie auch in den herausfordernden Zeiten, die der gemeinsame Lebensweg bringt, entzündet werden. Das Licht der Kerze erinnert in diesen Momenten an das gemeinsame Gelöbnis und daran, dass es miteinander immer eine Lösung und ein Licht am Horizont gibt. Die Zeremonie beinhaltet auch noch das gemeinsame Trinken von speziellem Wasser aus einem Kelch und das gemeinsame Übersteigen eines Besens. Jede Handlung während der Zeremonie wird getragen von dem tiefen Wissen der Eingeweihten, die diesen Weg bereits vor vielen Jahrhunderten gegangen sind. Dieses Hochzeitsritual wurde erst während der Christianisierung abgelöst und wird heute wieder von Menschen, die auf ihrem Weg des spirituellen Erwachens sind, durchgeführt. Das Ritual ist von offizieller Seite natürlich nicht anerkannt und deshalb nur für jene geeignet, die keinen offiziellen Trauschein haben wollen oder ihr Zusammensein neu besiegeln möchten.

Wie wundervoll war es doch, dass ich gerade jetzt um die Durchführung dieses Ritual gebeten wurde. Das sind für mich immer wieder die magischen Zeichen auf meinem Weg, die mein Herz vor Freude singen lassen und mir die unermessliche Weisheit der Schöpferquelle zeigen. Ich hätte es niemals so planen können, und ich danke euch zwei Lieben für euer Vertrauen und für diesen äußerst passenden Moment, in dem ihr mit eurer Bitte an mich herangetreten seid. Euer Timing war einfach unschlagbar.

Die Schwingung der Acht in der lebendigen Natur

Eines der wichtigsten Lebensmittel für uns Menschen ist das Wasser. Da wir selbst zu über 70 % aus Wasser bestehen, ist es nicht verwunderlich, dass wir Wasser zu unserem Überleben benötigen. Wasser ist gleichzusetzen mit Bewusstsein, und es ist nicht irdischen Ursprungs. Wissenschaftlich kann nicht nachgewiesen werden, woher unser Wasser ursprünglich stammt. Wasser speichert Informationen und gibt diese in homöopathischen Dosen wieder ab.

Es gibt einige sehr namhafte Wasserforscher, die ihr Leben dem Wasser und dem Verständnis von Wasser, den Wassermolekülen, den Wasserstrukturen und den Wegen des Wassers gewidmet haben. Einer von ihnen, der mich sehr beeindruckt hat und dessen Ergebnisse ich als äußerst hilfreich ansehe, ist Viktor Schauberger. Er hat seine Weisheit aus der Betrachtung von natürlich fließendem Wasser gezogen. Viele Stunden hat er in der Natur verbracht und die Zusammenhänge zwischen frei fließendem Wasser, seiner natürlichen Reinigungskraft und seiner physischen Kraft beobachtet. Aus dem durch seine jahrelangen Beobachtungen gewonnen Wissen entstanden einige sehr hilfreiche Methoden zur Wasserenergetisierung, z. B. der Wasserwirbler, der die mäandernde Bewegtheit von Wasser in Bächen, Flüssen, Strömen, natürlichen Seen und Teichen nachahmt. Das Wasser beschreibt eine liegende Acht, wenn es in einem Bachbett dahinfließt. Beobachten Sie einmal Wasserwirbel und natürlich bewegtes Wasser. Sie werden staunen, welche beeindruckenden Figuren und Bewegungen es vollführt. Dabei wird das Wasser gereinigt, positiv geladen und ausbalanciert. Die Wasserwirbler nach Viktor Schauberger, die man an einem Bachverlauf anbringen kann, sind mehrere Becken, die dem durchlaufenden Wasser die Möglichkeit geben, Achterschleifen in horizontaler Ausrichtung zu vollführen. Diese Schalen tragen bereits die Achterfigur in sich. Sie werden in leichter Hanglage untereinander angebracht. Das Wasser fließt durch einen schmalen Auslass in die erste Schale und vollführt in dieser eine Achterschleife, bevor es in die darunter gelegene Schale weiterfließt. So bewegt es sich von Schale zu Schale, wird in jeder mit der Schwingungsenergie der Acht angereichert und dabei gereinigt und belebt.

Für mich ist es einfach großartig, die Bestätigung für die vollkommene Wirkung der liegenden Acht auch im bewegten Wasser vorzufinden. Es untermauert für mich die absolute Wichtigkeit dieses einfachen Symbols.

Wenn wir Nutzwasser oder Trinkwasser mit der Energie der Lemniskate anreichern möchten und keine Hilfsmittel zur Verfügung haben, können wir die Achterschleife entweder mit der Hand, mit dem Finger oder mit einem Stab, Löffel oder Edelsteinstab auf die Wasseroberfläche zeichnen. Es ist z. B. sehr angenehm, die Achterschwingung einfach mit der Hand in ein Vollbad hineinzugeben. Tauchen Sie Ihre Handflächen ein bisschen ins Wasser ein, und fahren Sie in einer Achterschleife immer wieder über die gesamte Wasserfläche. Das Wasser wird so mit der Achterenergie angereichert. Genießen Sie auf diese Weise ein harmonisierendes Bad der vollkommenen Entspannung. Bei einem Glas Wasser können Sie die Acht einfach mit einem Löffel hineingeben. Sehr schön und hilfreich ist es, das Wasser mit einem Stab aus Kristall zu energetisieren. Auf diese Weise haben Sie noch die Schwingung des Edelsteins in Ihrem Wasser. Selbstverständlich können Sie die liegenden Acht auch einfach in den Wasser-

krug gravieren lassen oder einen Sticker mit der Lemniskate auf dem Boden der Karaffe und des Wasserglases anbringen. Auch eine Energetisierungsplatte mit diesem Symbol, auf die Sie den Wasserkrug oder alle sonstigen Lebensmittel stellen können, ist eine wunderbare Hilfe.

Da wir zu einem so hohen Prozentsatz aus Wasser bestehen, reagiert unser inneres Wasser natürlich auf die Energetisierung mit einem Edelsteinstab in der Schwingungsfrequenz der liegenden Acht. Suchen Sie sich dafür einen Edelsteinstab Ihrer Wahl aus. Achten Sie darauf, wofür der Stein steht, damit Sie einen Hinweis darauf haben, welche Themen der Edelstein ausbalanciert. Geht es zum Beispiel um den Solarplexus und haben Sie immer wieder ein Gefühl der Enge und der Anspannung in Ihrem Magenbereich, empfiehlt es sich, einen Edelstein zu wählen, der dem Solarplexus-Chakra zugeordnet ist. Zeichnen Sie für einige Minuten die liegende Acht mit dem Stab auf die Haut bei Ihrem Solarplexus-

Chakra in die eine Richtung, danach wechseln Sie in die andere Richtung. Sie werden bemerken, wie sich der Bereich langsam entspannt. Auch die Akupunkturpunkte an den Füßen, den Händen und am Ohr können mit kleinen liegenden Achten beruhigt oder ausgeglichen werden. Fahren Sie an den Akupunkturpunkten mit dem Edelsteinstab in Achterschleifen über die Haut. Wenn Sie keinen Edelsteinstab besitzen, nehmen Sie einfach Ihren Finger oder einen Akupressurstab. Auf diese Weise können Sie sowohl ein Zuviel als auch ein Zuwenig an Energie in Balance bringen. Die liegende Acht wirkt auf jeden Fall ausgleichend, d. h., sie leitet ab, wo zu viel ist, und füllt auf, wo ein Zuwenig herrscht. Auch verspannte Körperpartien oder angestaute Energien können durch das Arbeiten mit der Lemniskate wieder in eine neue Balance gebracht werden.

Übung: Ausgleichende Partnerübung für den Körper

Diese Übung können Sie mit Ihrem Partner oder mit einem Freund oder einer Freundin machen. Einer von Ihnen liegt bequem und gut zugedeckt auf dem Rücken, sodass der Körper während der Übung nicht auskühlt, auf einer Massageliege oder auf einer Bodenmatte. Erschaffen Sie einen Raum des Wohlgefühls. Der Raum sollte gut vorbereitet sein und eine klare, reine Energie verbreiten. Versprühen Sie etwas Raumspray, z. B. zur Reinigung und danach zum Schutz, oder bereiten Sie den Raum mithilfe von Räucherungen oder Räucherstäbchen vor. Schalten Sie alle möglichen Störquellen aus. Stimmen Sie auch die Beleuchtung, die Raumtemperatur und Ihre innere Haltung auf die ausbalancierende und harmonisierende Arbeit ab.

Wenn Sie zuerst mit der Energiebalance durch die liegende Acht beginnen, nehmen Sie selbst ein paar tiefe Atemzüge, um ganz ruhig und präsent zu werden. Legen Sie Ihre Hände auf die Fußknöchel Ihres Partners, der vor Ihnen liegt. Stellen Sie sich vor Ihrem inneren Auge vor, wie die Energie der liegenden Acht von einer Handfläche zur

anderen fließt und dabei die beiden Fußknöchel ausbalanciert. Fußknöchel stehen für die Präsenz im Leben.
Nach einigen Minuten nehmen Sie Ihre Handflächen sanft von den Knöcheln und legen sie auf die Knie Ihres Partners. Lassen Sie wiederum die liegende Acht gedanklich zwischen Ihren beiden Händen entstehen und die Energie fließen. Die Knie stehen für Demut und die Dankbarkeit für unser eigenes Leben.
Wieder einige Minuten später nehmen Sie die Hände von den Knien und legen sie auf die Hüftknochen. Visualisieren Sie die liegende Acht, während Ihre Hände still auf den Hüften verweilen. Die Hüften und der Sakralbereich stehen für alle unsere anerzogenen Muster und auch für die Verbindung mit allen Partnern, mit denen wir jemals in einer körperlichen Vereinigung waren. Themen rund um unsere Eltern, Geschwister und Ahnen finden wir ebenfalls im Sakral-Chakra.

Nehmen Sie dann die Handflächen von den Hüften, und legen Sie Ihre Hände auf Höhe des Solarplexus sanft auf die unteren Rippenbögen. Lassen Sie die liegende Acht wieder als Schwingungsmuster zwischen Ihren Handflächen kreisen. Im Solarplexus-Chakra sind alle unsere Ängste gespeichert. Auch wenn wir zu kopflastig sind, hat das eine anspannende Wirkung auf unseren Solarplexusbereich.
Nehmen Sie nach einiger Zeit die Hände von den Rippenbögen, und legen Sie sie beim Herz-Chakra links und rechts auf den Brustkorb. Zeichnen Sie mit Ihren Augen wieder eine Lemniskate zwischen Ihren Handflächen. Im Herzen sind alle unsere Gefühle gespeichert. Wir begegnen hier den großen Themenkreisen der Liebe, der enttäuschten Liebe, der Zurückweisungen und allem, was mit dem Raum für uns selbst zu tun hat. Der Mut für einen Neubeginn in unserem Leben und große Veränderungen im Leben aller Art liegen ebenfalls im Herzzentrum.
Nach einigen Minuten der Ausbalancierung legen Sie Ihre Hände auf die Schultern des Partners. Alle Lasten, die wir uns aufgebürdet haben, werden mit der Lemniskate ausbalanciert. Alles, was uns im Leben jemals bedrückt oder erdrückt hat, erfährt hier eine ausgleichende Ausrichtung.

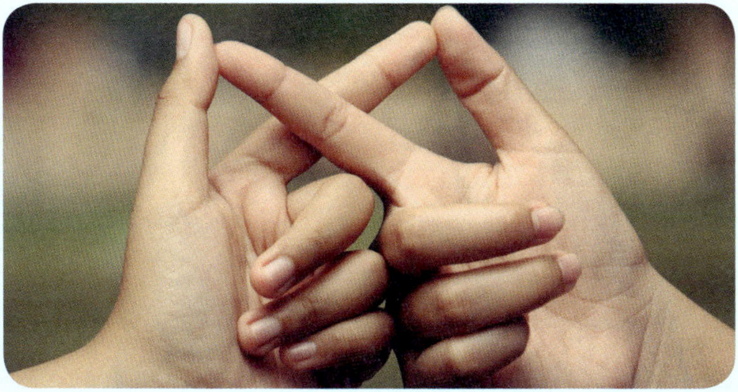

Als Nächstes legen Sie Ihre Hände links und rechts auf die Kiefergelenke und lassen die liegende Acht wieder zwischen Ihren Handflächen hin und her fließen. Die Kiefer enthalten alle Spannungen aus Situationen, in denen wir die Zähne zusammenbeißen mussten und ein tapferes Gesicht zu einer unmöglichen Situation gemacht haben. Diese Balancierung unterstützt uns beim Loslassen und dabei, mit uns selbst liebevoller und gnädiger umzugehen.

Zum Abschluss legen Sie Ihre Hände noch auf die Schläfen und lassen die Energie der liegenden Acht durch diesen Bereich des Kopfs strömen. Dies bringt einen Ausgleich für alle aktuellen Themen, eine Balancierung der Augen und damit die der sensitiven Tore.

Danach nehmen Sie Ihre Hände sanft aus dem Energiefeld des Partners und geben ihm noch etwas Zeit, um wieder ganz und gar im Hier und Jetzt anzukommen. Tauschen Sie sich über das Wahrgenommene aus, wenn das Bedürfnis danach vorhanden ist. Oder seien Sie sich einfach bewusst, dass ein großartiger Ausgleich, eine Harmonisierung und Balance durch Ihre Hände und das Visualisieren der liegenden Acht stattgefunden hat. Nun können Sie die Positionen wechseln und die wohltuende und harmonisierende Schwingung der Lemniskate in Ihrem eigenen Energiefeld, Ihren Chakren, Ihrem Emotionalkörper und Ihrem gesamten Sein erfahren. Diese Übung braucht etwas Zeit und auch Einfühlungsvermögen. Machen Sie sie deshalb nur dann, wenn Sie genügend Freiraum haben.

TIPP: Sie können die Balancierung auch mit Ihren Händen an Ihrem eigenen Körper vornehmen. Es ist einfach nicht ganz so entspannend, weil Sie mit sich selbst anders umgehen und auch zu stark von den Gedanken an die nächsten Schritte abgelenkt werden können.

Die liegende Acht begegnet uns im Tierreich

In diesem Kapitel möchte ich speziell auf zwei Tiergruppen eingehen. Ich bin aber davon überzeugt, dass es eine Vielzahl von anderen Tieren gibt, die in der einen oder anderen Form die liegende Acht nutzen.

Bienen

Die meisten Menschen haben in den letzten Jahren verstanden, wie wichtig Bienen für uns alle sind. Ohne die Arbeit dieser großartigen Tiere würde unsere Natur sehr schnell von Unfruchtbarkeit bedroht sein. Bienen sorgen dafür, dass sich unsere Pflanzen vermehren, tragen einen großen Teil zur Bestäubungsarbeit bei und sind aus diesem Grund für uns alle von immenser Bedeutung. Unabhängig davon sind die Produkte, die Honigbienen uns Menschen liefern, sehr heilsam für uns. Bienenvölker leben in hochsozialen Gesellschaften und bilden Staaten, in denen jede Biene vom Zeitpunkt ihres Schlüpfens bis zu ihrem letzten Atemzug ganz klar weiß, was ihre Aufgabe ist, und dieser auch ohne Ausnahme nachkommt. Für mich war es sehr interessant, zu sehen, dass die Sammlerinnen unter den Bienen hinausfliegen und nach geeigneten Futterstellen suchen, um dann zurück in den Bienenstock zu eilen und dort einen sogenannten Schwänzeltanz zu vollführen. Sie wollen allen im Stock verbliebenen Honigbienen davon berichten, wo es wirklich gutes Futter gibt. Beim Schwänzeltanz laufen die Bienen in einer Achterschleife hin und her und geben so den anderen Pollensammlerinnen die ge-

nauen Koordinaten der Fundstelle weiter. Das ist sehr erstaunlich, denn diese Beschreibung ist so präzise, dass alle Bienen die Futterstelle tatsächlich sehr leicht finden. Die liegende Acht dient in diesem Beschreibungstanz als eine Landkarte, mit der die exakten Abstände und die Flugbeschreibung weitergegeben werden. Die ausfliegenden Bienen bekommen über den Schwänzeltanz ein sehr genaues Bild von der Richtung, in die sie fliegen müssen – von der Entfernung zum Bienenstock bis zur Größe der Futterstelle.

Ich weiß nicht, wie es Ihnen geht. Ich finde es schon sehr beeindruckend, dass die hoch organisierten Bienenvölker dieses uralte Symbol der vollkommenen Harmonie verwenden. Die Bienen zeigen uns ja auch, wie es möglich ist, in einer Einheit miteinander zu leben, ein Volk zu bilden und gemeinsam am gleichen Ziel zu arbeiten. Für mich steht die Biene auch für den großen, bei uns Menschen nicht so beliebten Begriff »Dienen«. Jede einzelne Biene dient dem größeren Ganzen, dem höheren Wohl des gesamten Volkes, dem alles andere unterstellt wird. Wie wundervoll wäre es doch, wenn wir Menschen wieder besser verstehen, was unser größeres Ziel ist, und uns mit dem herrlichen Wort »Dienen« anfreunden könnten. Ich meine nicht das »Bedienen«, sondern das allumfassende tiefe Verständnis, dass wir alle hier sind, um einem größeren oder höheren Plan zu dienen. Das, was wir wahrnehmen können, ist meist nur ein kleiner Ausschnitt des größeren Plans. Wir sind aufgefordert, darauf zu vertrauen, dass wir durch unseren Dienst für das Licht die Welt zu dem machen können, was sie in Wahrheit ist: ein Paradies, das aus der harmonischen Verbindung der Dualität entsteht. Das Paradies offenbart sich uns im immerwährenden harmonischen Ausgleich. Grundvoraussetzungen für die Verwirklichung dieses Paradieses sind die positiven Energien des Vertrauens, des Dienens und der bedingungslosen Liebe in unserer irdischen Existenz.

Vögel

Vögel stehen symbolisch für das Herzfeuer, und es war einfach wundervoll für mich, zu verstehen, dass einige Vögel, z.B. der Kolibri, während ihres Fluges immer wieder eine Achterschleife in die sie umgebende Luft zeichnen. Prinzipiell und sehr vereinfacht gesagt, sind beim Vogelflug zwei Mechanismen im Spiel: der Auf-

trieb und der Vortrieb. Die Flügel beschreiben beim sogenannten Schwirrflug eine Bewegung in einer Achterschleife. Wenn Sie das Herzfeuer und die harmonische ausgleichende Energieschwingung der liegenden Acht zusammenbringen, verstehen Sie vielleicht auch, was diese Tiere für uns alle tun. Sie gleichen unsere Erde beim Fliegen ununterbrochen aus, stellen allen anderen Lebewesen – und natürlich auch uns – ständig die Energieschwingung der liegenden Acht über das uns umgebende Feld zur Verfügung. Sie harmonisieren, balancieren und helfen uns dabei, die Gegensätze in eine neue Ordnung des friedlichen Miteinanders zu bringen. Man könnte es zusammenfassend so sehen: Je mehr Vögel um uns herum sind, desto größer ist die Chance auf Ausgleich und Harmonie.

Auch wir Menschen tragen die Achterschleife in uns

An dieser Stelle erinnere ich mich an eine Geschichte, die ich vor vielen Jahren gelesen habe und die mich damals wie heute noch tief berührt. Sie öffnete mir den Weg zu mir selbst und meinen innersten Schätzen. Kurz zusammengefasst ging es darum, dass unser Schöpfer nicht wusste, wo genau er die höchste Weisheit für all jene Menschen, die sich auf den Weg machen, um nach Vollkommenheit zu suchen, aufbewahren sollte. Es war wichtig, einen Ort zu finden, den jeder wahrhaft suchende Mensch – gleich, ob jung oder alt – erreichen konnte. Nachdem einige Stätten auf der Welt ausgewählt und wieder verworfen worden waren, entschied sich die Schöpferquelle, die höchste Weisheit uns sehr nah zu verstecken – nämlich in uns selbst, in unseren Zellen, unserem Herzen, unserer Essenz. Alles, was wir für unseren Weg der Erleuchtung benötigen oder was uns dabei hilft, wahres Erwachen zu erreichen, liegt in uns selbst.

Betrachten wir unter dem Mikroskop das allererste Stadium der Zellteilung nach der Befruchtung, zeigt sich uns auch hier das Symbol der Achterschleife. Der Beginn unseres Lebens ist bereits ein Hinweis darauf, dass wir auf der Erde in die Welt der Dualität eintauchen und dass die immerwährende ausgleichende Schwingungsfrequenz der Vereinigung von allen dualen Begebenheiten in die wahrhafte Ganzheit und in das allumfassende Heil-Sein führt. Aus der verbindenden Vereinigung der Zwei, Eizelle und Spermium, entsteht das neue Leben.

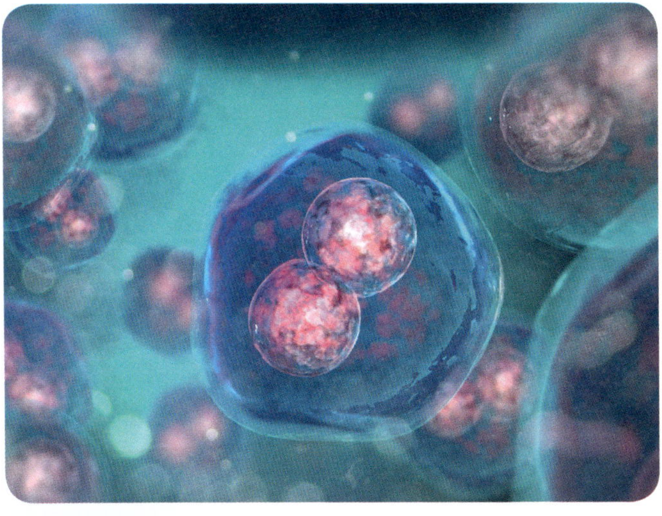

Es ist jedoch nicht nur diese erste Zellteilung, die in uns an die Energie der Achterschwingung erinnert. Die Acht ist tief eingebettet in unsere Zellen, in der Grundstruktur unserer Gene. Wir finden sie in der Doppelhelix unserer DNA-Stränge, die eine fortlaufende Aneinanderreihung von Achterschleifen ist, und hier begegnet uns der numerologische Code »GOD«. Falls Sie mehr dazu erfahren möchten, empfehle ich Ihnen das Buch »The God Code: Das Geheimnis in unseren Zellen« von Gregg Braden. Wir tragen also den Plan, wie wir den Weg zurück zur Einheit, zurück zur Schöpferquelle finden können, in unseren eigenen Zellen, jederzeit zugänglich für uns, nur einen Moment der Aufmerksamkeit entfernt. Es ist der eine Moment, in dem wir den alles entscheidenden Schritt wagen und uns dazu entscheiden, die Wahrheit in uns statt im Außen zu suchen. Die allumfassende universelle Wahrheit, die uns zum Erwachen führt, die von der weisen Schöpferquelle in uns aufbewahrt wurde, die immer nur diesen einen Moment unserer Aufmerksamkeit von uns entfernt ist.

Die Acht ist auch in der Grundstruktur von Eiweiß präsent sowie in kollagenen Fasern. Für mich sind das alles Hinweise darauf, dass wir die größte Weisheit immer in uns selbst tragen. Wir haben nur vergessen, dass wir bereits alles in uns haben und in unserer menschlichen Inkarnation nur noch lernen dürfen, diese wichtigen Informationen zu entschlüsseln. In uns lebt bereits die immerwährende ausgleichende Energie der Lemniskate und verbindet unser Sein mit dem kosmischen Strom, mit der Urquelle, der wir entstammen. Unser genetischer Code trägt die Möglichkeit des Erkennens in sich. Wenn wir hier auf diesem Planeten der Dualität inkarnieren, ist unser Ziel die Erkenntnis des immerwährenden Ausgleichs aller polaren Kräfte. Anstatt die dualen Mächte, die auf uns einwirken, zu bekämpfen, geht es in Wahrheit um eine neue Akzeptanz und den friedlichen Ausgleich dieser Dualität.

Der Code für unseren Weg zurück zur Einheit ist also nicht nur in unserem Umfeld zu finden, sondern in uns und damit in unseren Zellen gespeichert. Wenn wir wach, achtsam und bewusst hinsehen wollen, umgeben uns viele Möglichkeiten des Erkennens. Alle Weisen, die vor uns den Weg des Erwachens beschritten haben, haben für uns Zeichen hinterlassen, damit wir den Weg in die Akzeptanz der irdischen Spielregeln leichter finden.

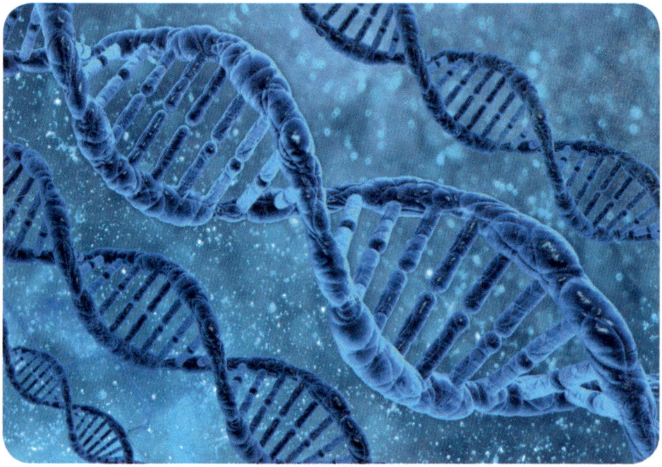

Indem wir lernen, die Dualität auszugleichen, sie in unsere eigene Harmonie zu bringen, bekommen wir die Unabhängigkeit, die wir uns so sehr wünschen. Mit der liegenden Acht ist uns ein machtvolles Instrument gegeben. Wenn wir verstehen, dass unser Heil-Sein im Ausgleich der Dualität liegt und nicht in der Beurteilung oder im Festhalten des einen oder des anderen, entsteht wie von selbst ein Feld der Harmonie und des Friedens sowie der bedingungslosen Liebe in uns und auch um uns herum. Die liegende Acht erinnert uns daran, dass unser Leben ein ständiger Fluss ist, ein immerwährender Entwicklungsweg vom Plus- zum Minuspol. Das Einzige, was in unserem Leben vom Moment unserer Geburt bis zu unserem Übergang konstant ist, ist die Veränderung, die ununterbrochene Bewegung. Wenn wir diese Weisheit auf unser Leben anwenden, ist es auch vollkommen klar, dass unsere Entwicklung hier auf der Erde niemals abgeschlossen sein kann. Solange wir in einem menschlichen Körper sind, unterliegen wir der Gesetzmäßigkeit der Dualität und damit der ständigen Aufforderung, diese Dualität auf harmonische Art auszugleichen. Unser höchstes Ziel sollte es sein, diese Dualität tief in uns zu verstehen – nicht nur in unserem Kopf, sondern in jeder einzelnen Zelle. Unser unermüdliches Bestreben soll es sein, mit jedem Atemzug unseres Seins den harmonischen Ausgleich herzustellen und diese Erkenntnis auf unserem Pfad hin zur Vollkommenheit zu nutzen.

Die Lemniskate zeigt uns auf unspektakuläre Weise die gesamte Weisheit des höchsten Schöpferplans und, wie wir es schaffen, diesem zu folgen. Sie dient uns als Metapher für den menschlichen Weg von Entwicklung und Entscheidung. Die Acht stellt die Umwandlung der Materie in reine Schwingungsenergie dar.

Tipps und Übungen zur Arbeit mit der Lemniskate

Alles, was Sie auf harmonische Weise miteinander verbinden möchten, können Sie über die Symbolkraft der liegenden Acht vereinigen. Sie können die Achterschleife immer und überall durch ihre Vorstellungskraft einsetzen, indem Sie immer sich selbst in einer der beiden Schleifen vorstellen und die Person oder das Ereignis, das Sie beschäftigt oder aufwühlt oder das Sie einfach mit mehr Harmonie durchtränken möchten, in der anderen Schleife. Dann fahren Sie in Gedanken diese verbindende Achterschleife immer und immer wieder nach, bis Sie das Gefühl haben, alles ist ausgewogen, die aufgewühlten Emotionen oder Gedanken haben sich gelegt und Sie fühlen sich einfach wohler. Sie können diese Technik wirklich für alles, was Sie ausgleichen und harmonisieren wollen, anwenden und auch so oft, wie es Ihnen richtig erscheint. Da Sie damit nicht eingreifend, sondern nur balancierend arbeiten, laden Sie auch kein wie auch immer geartetes Karma auf sich. Wenn Sie diese Übung für andere Menschen machen, ohne dass Sie selbst beteiligt sind, ist es immer wichtig, dass Sie keinen dominierenden Wunsch und auch keine Absicht in die Achterschleife legen. Bitten Sie einfach um die größtmögliche Harmonisierung für alle Beteiligten.

Probieren Sie es einfach einmal für Ihre Kinder aus. Verbinden Sie z.B. den Lehrer oder die Lehrerin, mit dem/der Ihr Kind nicht so gut zurechtkommt, in einer Achterschleife mit Ihrem Kind – oder tun Sie dies auch mit einem Spielgefährten Ihres Kindes. Dabei visualisieren Sie eine liegende Acht und stellen energetisch in die eine Schleife Ihr Kind und in die andere die Person, mit der es eine größere Harmonie oder einen Ausgleich geben soll. Erinnern Sie sich an die erste Übung am Anfang des Buches? So machen Sie es nun auch – nur gedanklich. Lassen Sie die Energie immer und immer wieder auf der Bahn der liegenden Acht fließen, zuerst in die eine Richtung und dann in die entgegengesetzte. Diese energetische Übung können Sie so oft wiederholen, bis Sie eine deutliche Besserung der Situation bemerken. Auch wenn sich grundsätzlich eine größere Harmonie einstellt, ist es sinnvoll, diese energetische Unterstützung für Ihr Kind weiterhin wenigsten einmal pro Woche auszuführen.

Unterstützen Sie auch Ihren Liebsten, indem Sie seinen Vorgesetzten und ihn in eine ausgleichende liegende Acht stellen und diese in Gedanken immer wieder umrunden. Sie müssen es nicht sagen, tun Sie es einfach, und freuen Sie sich mit Ihrem Partner, wenn sich die Situation entspannt und die Zusammenarbeit harmonischer wird. Sie können dies auch für die Arbeitskollegin oder die Nachbarn machen, die sich nicht so gut leiden können. Es geht darum, das Trennende besser verständlich zu machen und über das energetische Feld einen Ausgleich zur Verfügung zu stellen. Sie greifen nicht ein, solange Sie keine egoistischen Wünsche oder vorgefassten Ziele in die Achterschwingung hineingeben. Sie öffnen nur das Energiefeld für Ausgleich und Harmonie, und das ist eine wundervolle Möglichkeit der Lichtarbeit.

Sie können eine liegende Acht auf Ihren Körper aufmalen oder bereits fertige Symbole auf Ihre Haut aufkleben. Probieren Sie es einfach einmal aus, und bringen Sie die liegende Acht auf die Stellen Ihres Körpers auf, an denen es um eine Harmonisierung geht. Die liegende Acht kann auf die Haut aufgemalt werden und ist sehr hilfreich bei Schmerzen, Brüchen, Spannungen,

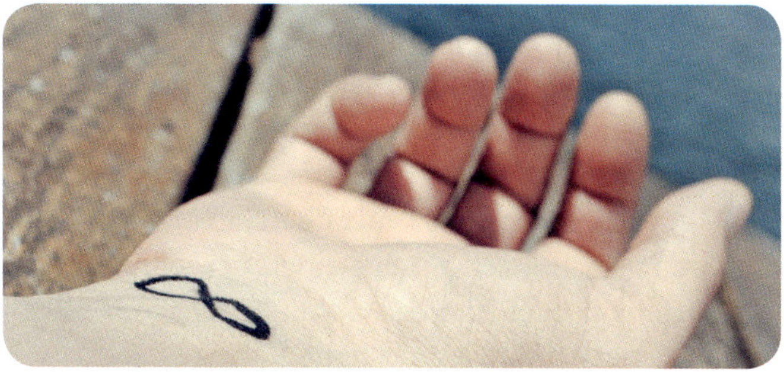

Zerrungen und allem, was im Körper in Dysbalance ist. Zeichnen Sie auf die betroffene Stelle 1 bis 3 übereinanderliegende Lemniskaten mit einem Körperstift. Auch bei Wunden kann die liegende Acht zur schnelleren Ganzwerdung angewendet werden. Bei offenen Wunden zeichnen Sie bitte nicht hinein, sondern in einem angemessenen Abstand rundherum, auf oder unter das Pflaster oder den Verband. Setzen Sie das verbindende und harmonisierende Zeichen der Lemniskate so oft ein, wie Sie es als richtig empfinden. Ich habe die allerbesten Erfahrungen damit gemacht.

Sie können die harmonisierende Achterschleife auch für Ihre Haustiere einsetzen. Zeichnen Sie sie auf den Schlafplatz oder die Futterschale Ihres Tieres. Oder visualisieren Sie wiederum in der Achterschleife Ihr Tier auf der einen Seite und sich selbst auf der anderen, um Ihre Beziehung zueinander zu harmonisieren oder noch inniger werden zu lassen. Auch bei Verletzungen Ihres Tiers ist es förderlich, die liegende Acht zur schnelleren Genesung einzusetzen. Sie gehen wie bei sich selbst vor und malen oder zeichnen die liegende Acht 1–3 Mal auf die verletzte Stelle. Wenn Sie eine Katze haben, schreiben Sie die Acht nur in das Energiefeld Ihrer Katze. Katzen können es nicht leiden, wenn sie etwas auf ihr Fell gezeichnet bekommen. Dies würde Ihr Tier noch stärker irritieren und aufregen als nötig. Wenn Sie jedoch mit dem Finger immer wieder die Lemniskate in das Energiefeld einstreichen, ist es auch für Frau Samtpfote sehr beruhigend und unterstützt den Heilungsprozess.

Wenn Ihre Pflanzen nicht so gut gedeihen, können Sie die Lemniskate auf den Topf der Pflanze oder auf die Gießkanne malen. Sie können auch einfach auf den Wasserhahn eine liegende Acht zeichnen oder einen Sticker mit dem Symbol aufkleben. Genauso hilfreich ist es, wenn Sie die liegende Acht mit der Hand oder einem Stab in das Wasser einrühren und anschließend Ihre Pflanzen damit gießen. Dies tut auch den gesunden Pflanzen sehr gut, und die meisten werden ihnen diese harmonisierende Sonderbehandlung mit üppigerem Wachstum und voller Blüte danken.

Sie können das Symbol der liegenden Acht jeden Abend, bevor Sie schlafen gehen, in einer großen Schleife in die Luft über Ihrem Bett oder das Bett Ihres Kindes zeichnen. Besonders, wenn Sie oder Ihr Kind unruhig schlafen, kann dies eine sehr beruhigende Wirkung auf den Schlaf haben.

Zeichnen Sie eine große liegenden Acht auf den Boden, und stellen Sie sich so darauf, dass Ihr Körper ungefähr über dem Mittelpunkt ist. Platzieren Sie einen Fuß in die linke und einen in die rechte Schleife, schließen Sie die Augen, und visualisieren Sie, wie das Symbol aufsteigt.

Die liegende Acht beginnt, von ihren Füßen über Ihre Beine hinein in Ihre Hüften und den Rücken nach oben durch Ihren Brustkorb hindurch bis über Ihren Kopf hinaufzuwandern und alles in Ihrem Inneren sowie in Ihrem Energiefeld in die unendliche, harmonische Ausgleichsschwingung der Lemniskate zu bringen. Ihre Mittelachse wird bei dieser Übung aufgerichtet und Ihre Core-Energie gestärkt, während Ihre linke und Ihre rechte Körperhälfte sowie all Ihre Organe eine harmonische Verbindung miteinander eingehen. Die Lemniskate wächst hinauf bis zur Urprungsquelle und verbindet Sie in einem harmonischen Feld mit Ihrem Schöpfer und allen Wesen, die zum Himmel gehören. Alle Engel, Erzengel, Elohim, Seraphim, Lichtwesen und Aufgestiegenen Meister sind in dieser harmonischen Schwingung mit Ihnen. Stellen Sie sich danach noch vor, wie die Lemniskate in ihrer horizontalen Lage bis zum Herzen von Mutter Erde hinunterschwingt und Sie als menschliches Wesen mit der Erde, der Natur und allen Naturwesen in diese harmonische Verbindung bringt. Sie sind ein Kanal zwischen Himmel und Erde und ein harmonischer Teil einer unendlichen Schwingungsfrequenz von Frieden und Liebe. Lassen Sie diese bewegte Säule aus Achten eine Weile durch

Ihren Körper nach oben und nach unten steigen, genießen Sie die ausgleichende Schwingung, und spüren Sie, wie sich Ihre Chakras und all Ihre Zellen in dieser Harmonieschwingung aufladen.

Wenn Sie hinaus in die Natur gehen, versuchen Sie, so oft wie möglich in einer liegenden Acht zu spazieren. Sehen Sie sich Ihren Ausgangspunkt und Ihr Ziel an, und machen Sie sich einen Plan von der Figur der Acht und, wie Sie diese auf Ihrem Weg beschreiten können. Oder Sie machen viele kleine Achten auf Ihrem Weg. Es macht ebenso Spaß, liegende Achten in den Schnee oder in den Sand hineinzulaufen, dafür können Sie sogar Kinder begeistern. Wenn Sie einen Garten haben, ist es nicht nur hübsch, sondern auch energetisch sehr hilfreich für Sie und Ihr gesamtes Umfeld, wenn Sie eine liegende Acht aus Blumen oder Sträuchern anlegen. Aus schönen Steinen eine liegende Acht zu gestalten hat einen wunderbaren Effekt. Selbst in einem Zen-Garten ist das Symbol der liegenden Acht gut in den Sand schreibbar.

Schlussworte

Seien Sie kreativ, und wenden Sie die liegende Acht immer und überall auf unterschiedliche Weise an. Lassen Sie Ihrem Wunsch nach Ausgleich und Harmonie freien Lauf. Das Fantastische ist, dass die Arbeit mit der liegenden Acht kein Geld kosten muss, denn Sie haben immer und überall die Möglichkeit, das kraftvolle Symbol mit einfachsten Mitteln anzuwenden. Machen Sie also so oft wie möglich Gebrauch davon, und harmonisieren Sie alles in Freude. Sie können dies als einen Teil Ihrer Tätigkeit als Lichtarbeiter ansehen. Auch, wenn die anderen es nicht bewusst mitbekommen und Sie dafür keine Rosen erhalten, so verändern Sie damit die Welt. Denken Sie an den Schmetterlingseffekt: Der Flügelschlag eines Schmetterlings kann einen Tornado auslösen. Erkennen Sie das an, was Sie tun, achten Sie sich selbst und Ihre Liebe für alles Lebendige, und bleiben Sie konstant auf Ihrem Weg der Entwicklung und der Veränderung.

Die Lemniskate ist das Symbol, das für die Unendlichkeit steht, für die immerwährende Weiterentwicklung und für den Ausgleich. Sie beschreibt das Absolute und ist in sich der Ausdruck von Eins-Sein, von Heil-Sein und von Ganzheit. Je öfter sie in unserem Alltagsleben zum Einsatz kommt, desto besser ist es für uns und alles Lebendige.

Wir alle wollen wieder ein Paradies auf der Erde erleben, und deshalb ist es so wichtig, dass wir kontinuierlich an dieser Veränderung hin zum Ausgleich, zur Harmonie, zum Verstehen der dualen Gesetzmäßigkeiten, zur bedingungslosen Liebe und zum Frieden arbei-

ten. Auch, wenn Sie nicht immer eine unmittelbare Erfolgsgeschichte erleben, vertrauen Sie darauf, dass auch Ihr Flügelschlag etwas Großes bewirkt und Sie durch Ihre unermüdliche Lichtarbeit daran beteiligt sind, dass sich die Welt verändert.

Harmonisieren Sie zuerst sich selbst, tauchen Sie ein in die Ganzheit, die im harmonischen Ausgleich der Dualität liegt. Nutzen Sie die Weisheit der Lemniskate, und werden Sie zu dem vollkommenen Wesen, das Sie von Geburt an sind. Dann verändern Sie die Welt, indem Sie diese einfache Weisheit weitergeben. Ich weiß, dass die Umsetzung der Ganzheit und das Verstehen der Dualität sowie deren Akzeptanz und Integration nicht immer leicht sind, aber es darf Freude machen. Und wenn nicht Sie damit beginnen, wer dann?

Ich wünsche Ihnen viele harmonische Momente in der Energie der liegenden Acht. Erinnern Sie sich immer und überall daran, wie machtvoll dieses einfache Symbol ist, und setzen Sie es so oft wie möglich ein. Sie tun damit nicht nur Ihrem eigenen Erwachen etwas Gutes, sondern sind auch für alle anderen ein Geschenk der Unendlichkeit.

Über die Autorin

Barbara Heider-Rauter ist ausgebildete Pädagogin und Therapeutin mit jahrelanger praktischer Erfahrung. In ihren Seminaren und Ausbildungen sieht sie sich als liebevolle und klare Wegweiserin für jeden wahrhaft Suchenden. Ihre tiefen Einsichten in die geistigen Zusammenhänge und in die unsichtbaren Welten ermöglichen ihr ein Erkennen der Einzigartigkeit jedes Individuums und seine Ausrichtung auf das innere Licht. Sie ist auch eine der führenden Aura-Soma-Expertinnen und unterrichtet dieses wundervolle Farbsystem. Ihre Arbeit ist immer auf das Wohl sowie die höchste Entwicklungsmöglichkeit jedes Einzelnen ausgerichtet. Sie leitet Meditationsabende, Seminare zur persönlichen Entwicklung, Seminarreisen nach England zu den mystischen Stätten der König-Arthur-Sage und Herzreisen nach Irland. Seit über 20 Jahren führt sie ein spirituelles Fachgeschäft in Salzburg und bietet den suchenden Menschen damit eine Basis für das Zusammentreffen von Gleichgesinnten.

www.avalon-spirit.com
www.barbara-heider-rauter.com
www.meinavalon.com

Bildnachweis

Bild von S. 114 (Bienen): © Roland Rauter

Bilder von www.shutterstock.com

Hintergrund und Schmuckelement »liegende Acht« auf allen Seiten: # 100044215 (© majcot), # 225056788 (© GONHIN) und # 376174120 (© payapple)

S. 13: # 302532263 (© iSS Photographer), S. 17: # 259478183 (© ixpert) und # 326065739 (© Calmara), S. 23: # 307597823 (© Dance60), S. 28: # 346572113 (© cosma), S. 30: # 382975000 (© Anatoli Styf), S. 35: # 216645694 (© Kat72), S. 41: # 282685037 (© Derek R. Audette), S. 47: # 71825446 (© L.F), S. 48: # 197816027 (© JingAiping), S. 51: # 388053262 (© IgorGolovniov), S. 53: # 121788718 (© gornjak) und # 326065739 (© Calmara), S. 61: # 405479872 (© Ajwer), S. 68: # 8472430 (© Poprugin Aleksey), S. 70: # 371697694 (© MichaelJayBerlin), S. 73: # 175083590 (© belkos), S. 77: # 182120438 (© Pavelk), S. 85: # 415009984 (© IVASHstudio), S. 94: # 245488876 (© mama_mia), S. 99: # 14875456 (© aastock), S. 101: # 185324060 (© aprilante), S. 105: # 54954883 (© dvande), S. 106: # 154360835 (© Avesun), S. 111: # 312776687 (© ideasbyme), S. 117: # 384143626 (© Martin Mecnarowski), S. 119: # 291810674 (© Andrii Vodolazhskyi), S. 122: # 139602977 (© vitstudio), S. 127: # 287496860 (© nito), S. 128: # 269523908 (© STemnova), S. 133: # 171210671 (© logoboom)

Ebenfalls von der Autorin erschienen im Schirner Verlag

Barbara Heider-Rauter

Die liegende Acht

Tägliche Impulse für die innere Meisterschaft

44 Karten mit Begleitbuch

ISBN 978-3-8434-9123-5